Elizabeth Domig

Wir Frauen und das Glück

Sieben Geheimnisse,
die Sie entdecken sollten

BRUNNEN
VERLAG GIESSEN · BASEL

www.brunnen-verlag.de
Umschlagbild: IFA, Düsseldorf
Umschlaggestaltung: Ralf Simon
Satz: Die Feder GmbH, Wetzlar
Herstellung: Ebner und Spiegel, Ulm
ISBN 3-7655-3815-9

Inhalt

Sehnsucht nach Glück:

Rebecka ist achtzehn Jahre alt und kann es kaum erwarten, ihr neues Leben anzufangen. In wenigen Wochen wird sie ihr Studium beginnen. Viele neue Erfahrungen liegen vor ihr. Eine neue Stadt in einem neuen Land, mit neuen Freunden. Was für ein Glück für eine junge Frau an der Schwelle des Lebens!

Ich, Rebeckas Mutter, freue mich sehr für sie und kann mich an ähnliche Glücksgefühle aus der Zeit erinnern, als ich so alt war wie sie jetzt. Endlich aus dem Elternhaus heraus, durfte ich mein eigenes Leben beginnen. Damals schien nichts unmöglich, und die Welt lag zu meinen Füßen.

Jetzt, mit fünfzig Jahren, stehe ich an einer ganz anderen Stelle im Leben, aber auch an einer Schwelle. Die Phase des Kindererziehens geht zu Ende, und eine neue Phase beginnt. Es tut ein bisschen weh, dieses Kapitel meines Lebens abzuschließen, weil ich gerne Mutter bin. Schon als kleines Mädchen hatte ich Babys geliebt und wollte so gerne eines Tages selber Kinder haben. Ich bin deshalb sehr froh und dankbar, dass Gott mir diesen Wunsch erfüllt hat. Mutter zu sein hat mir viel Glück bereitet, und mein Mann und ich sehen unsere drei Kinder als großes Geschenk.

Aber nicht jede Frau hat Kinder oder wünscht sich Kinder. Und weil jede Mutter sowieso ihre Kinder früher oder später loslassen muss, darf sie ihre Identität und Erfüllung nicht allein vom Muttersein abhängig machen.

Wo finden wir Frauen das Glück? Egal ob wir 20 oder 50 sind, ob wir erwartungsvoll auf das Leben zugehen oder auf einen guten Teil unseres Lebens bereits zurückblicken, wir sehnen uns danach, glücklich zu sein.

Ist Glück abhängig von bestimmten Stationen und Situationen des Lebens? Fällt es uns von außen zu – und gehen wir ohne diese „glücklichen Zufälle" eben leer aus? Oder gibt es vielleicht so etwas wie „Glücksbausteine", die jeder Frau zur Verfügung stehen, egal in welcher Lebensphase sie sich befindet? Und die sie nutzen kann, um selbst „ihres Glückes Schmied" zu sein?

Ich lade Sie ein zu einer Entdeckungsreise zum Glück. Im Lauf meines Lebens habe ich einige Geheimnisse entdeckt, die mir persönlich geholfen haben, nicht nur für mich selbst Freude zu finden, sondern diese auch an andere Menschen weiterzugeben. Ich bin überzeugt, dass auch Ihnen diese Geheimnisse den Weg zur Verwirklichung Ihres Glücks erleichtern werden.

Der Traum vom erfüllten Leben

Wovon haben Sie geträumt, als Sie klein waren? Viele Kinder träumen davon, eines Tages etwas ganz Besonderes zu werden, und tief innen glauben sie, dass es möglich ist. Kleine Mädchen sehen sich als schöne Ballerina oder berühmte Sängerin, während Jungen überzeugt sind, dass ein Superman in ihnen steckt, oder sie stellen sich vor, ein tapferer Feuerwehrmann oder ein unerschrockener Polizist zu werden, der Menschen aus gefährlichen Situationen rettet.

Wenn wir erwachsen werden, werden wir realistischer in unseren Erwartungen, aber wir haben immer noch Träume. Unser Sohn Christopher studiert Schauspiel und würde so gern eines Tages von Hollywood „entdeckt“ werden. Der zweite Sohn Daniel, der an der Akademie für Bildende Künste studiert, hätte nichts dagegen, wenn später seine Bilder überall zu sehen wären. Rebecka, unsere Tochter, schreibt Gedichte und Geschichten und wünscht sich, einmal einen Bestseller herauszugeben.

Als Prinzessin Diana ihren Charles heiratete, waren unzählige Menschen von dieser märchenhaften Geschichte fasziniert. Eine „ganz normale“ Frau, die als Kindergärtnerin arbeitet, wird von einem Prinzen geliebt und auserwählt, seine Prinzessin zu werden. „So etwas passiert nicht nur im Märchen; es geschieht tatsächlich in unserer Welt“, mag sich manch ebenfalls „ganz normale“ Frau gedacht haben. „Das gibt mir Hoffnung und Mut, zu glauben, dass vielleicht eines Tages auch aus mir etwas Besonderes werden wird!“

Es ist gut, dass Menschen träumen und Visionen von großartigen Erfolgen oder vom durch nichts mehr getrübten Glück haben können. Träume sind die Keimlinge, aus denen Visionen wachsen. Wer eine Vision in sich trägt, hat ein Ziel für sein Leben und gleichzeitig einen Fokus für den Alltag. Beides brauchen wir als Motivation für das Leben. Als Kind habe ich ein Sprichwort gelernt: „Ohne Vision geht das Volk zugrunde.“ Später entdeckte ich, dass diese Wahrheit aus der Bibel stammt (Sprüche 29,18a).

Wie wichtig es ist, Träume zu verfolgen, erkennt man auch in der Psychologie. In der lösungsorientierten Beratung, die ich in meiner Praxis anwende, ermutige ich Ratsuchende, sich vorzustellen, wie ihr Leben aussehen könnte, wenn ihre Probleme gelöst würden. Eine möglichst deutliche Vorstellung davon, welches Ziel er erreichen möchte, hilft dem Klienten, sein Denken und Verhalten so zu ändern, dass das Vorgestellte Realität wird.

Vielleicht werden unsere Kindheitsträume davon, etwas Besonderes zu werden, vielleicht einmal ein großer Star zu sein, nie in Erfüllung gehen. Mit dieser Tatsache kann ich mich abfinden – schließlich erscheint mir mancher Kindheitstraum nun, einige Jahrzehnte später, auch nicht mehr ganz so erstrebenswert. Aber es gibt ein Ziel, das ich nie aufgeben werde: Ich möchte, wenn ich einmal alt bin, sagen können: „Das Leben hat sich gelohnt! Es hat Höhen und Tiefen gegeben, aber im Großen und Ganzen war es lebenswert und schön." Ich möchte mit Dankbarkeit und Zufriedenheit auf mein Leben zurückblicken können.

Diese Dankbarkeit und Zufriedenheit will ich nicht für mein hohes Alter aufsparen. Schließlich weiß ich ja nicht, wie lange ich noch zu leben habe. Nein, ich möchte das Leben *jetzt* meistern und genießen. Ich muss kein „Star" sein, aber ich will mein Leben als erfolgreiche und erfüllte Frau erleben.

Erfolg und Erfüllung – eine Frage der Perspektive

Erfolg und Erfüllung – sind diese Ziele erreichbar für eine „ganz normale" Frau wie Sie und mich? Oder bleibt das „erfüllte Leben" doch immer der unerfüllte Traum des Glücks, dem ich zwar stets nachstrebe, der sich aber doch nicht verwirklichen lässt? Und was bedeutet überhaupt Erfolg oder Erfüllung für mich? Was könnte es für Sie bedeuten?

Lassen Sie mich zunächst einmal *Erfolg* definieren.

Wenn ich von Erfolg spreche, dann rede ich nicht von Geld, Macht oder Prestige. Ich rede von der Fähigkeit, meine Gaben, Talente und Kräfte im Leben so einzusetzen, dass ich meine Ziele erreiche. Die meisten Frauen haben mehrere Aufgabenbereiche, mit denen sie jonglieren müssen, um allem gerecht zu werden: da stehen Familie und Beruf nebeneinander, da gibt es Kindererziehung, Haushaltsführung, Berufstätigkeit und Beziehungen, die alle ihr Recht fordern. Wenn ich das Gefühl habe, dass ich in all diesen verschiedenen Bereichen mein Bestes tue und dass mir die Aufgaben halbwegs gelingen, dann möchte ich von Erfolg sprechen.

Nun gibt es neben Erfolg auch noch ein weiteres wichtiges Ziel, das ich „Erfülltsein" nenne. Während Erfolg mehr oder weniger ein Maßstab für Leistung darstellt, also dafür, was ich tue oder getan habe, ist Erfülltsein eine Beschreibung dafür, wer ich tief innen in meinem Wesen bin. Erfülltsein betrifft mein inneres Leben. Fühle ich mich als Person glücklich und zufrieden mit meinem Leben, dann sage ich, dass ich erfüllt bin. Fühle ich mich aber leer, ausgebrannt und unzufrieden, dann bin ich unerfüllt.

Viele Menschen glauben, dass Glück von äußeren Umständen abhängt, z.B. davon, ob ich den richtigen Partner finde, den passenden Beruf erlerne, ausreichend Geld besitze, und vor allem Gesundheit genieße. Sicher sind diese Faktoren wichtig, und ich wünsche sie jedem. Aber mich faszinieren immer solche Menschen, die auch in weniger idealen Lebenssituationen ihr Glück entdecken können.

Ich denke an Joni Eareckson Tada, die seit einem Sportunfall mit siebzehn Jahren querschnittsgelähmt ist – und trotzdem eine erfüllte Frau. Oder an Mutter Teresa, die, umgeben von Armut und Tod, eine tiefe Freude ausstrahlte. Es gibt offensichtlich Geheimnisse des Glücklichseins, die auf andere Faktoren zurückgreifen als auf die äußeren Umstände, die das Leben uns bietet.

Ich las vor kurzem ein Interview mit einem erfolgreichen Topmanager und Direktor einer internationalen Firma. Im Rückblick auf sein Leben sagte er: „Erfolg hat für mich etwas mit gelungenen Beziehungen zu tun. Wenn ich mein Lebensziel formulieren würde, dann würde ich sagen: ein gelungenes Leben. Und gelungenes Leben ist dann der Fall gewesen, wenn ich die für mich wichtigsten Beziehungen bis zum Schluss intakt halten konnte. Die Beziehung zu meinem Schöpfer, also zu Gott, die Beziehung zu meiner Frau, die Beziehung zu meinen Kindern. Und auch im Beruf hat Erfolg ja etwas mit Beziehungen zu tun."[1]

In der Schule beurteilen die Lehrer, ob ich „mit Erfolg" abschneide oder nicht. Aber im Leben muss jede für sich selber urteilen: Ist mein Leben erfolgreich? Habe ich ein erfülltes Leben? Bin ich zu-frieden, „im Frieden" mit meinem Leben? Kann ich sagen, dass ich meine Aufgaben mit Erfolg bewältigt und meine Beziehungen liebevoll gelebt habe? Wie würde ich mein inneres Leben beschreiben? Wenn ein Grundtenor von Frieden, Freude und Dankbarkeit herrscht, dann bin ich dem Glück näher gekommen.

Dürfen wir als Frauen überhaupt das Ziel haben, glücklich zu sein? Ist das nicht egoistisch? Um nicht missverstanden zu werden: Ich spreche hier nicht von einem selbstsüchtigen Glück, das nur auf Kosten anderer zu erreichen ist. Ich meine jenes tief erfüllende Leben, wozu Gott uns geschaffen hat. Wissen Sie, dass es mehr als hundert Verse in der Bibel gibt, die vom

Glück sprechen? Es scheint, dass „Glück" Gottes Erfindung ist – und unsere Aufgabe ist es, dieses Glück zu entdecken.

Ich selbst bin so dankbar für die vielen Frauen in meinem Leben, die mir gezeigt haben, wie dieses Glück aussehen kann. Ihre Beispiele haben mir geholfen, als junge Frau zu meiner eigenen Identität zu finden. Indem ich ihr Leben betrachtet und hinterfragt habe, bin ich auf einige Geheimnisse gestoßen. Dabei habe ich sieben Prinzipien entdeckt, die, so scheint es, zu einem erfolgreichen und erfüllten Leben gehören. Wenn ich diese Entdeckungen weitergebe, so verbinde ich damit eine Einladung: Beobachten Sie selbst, welche dieser Geheimnisse Ihnen geläufig sind. Welche Prinzipien leben Sie bereits? Welche bedeuten eine neue Entdeckung für Sie?

Es scheint, dass „Glück" Gottes Erfindung ist – und unsere Aufgabe ist es, dieses Glück zu entdecken.

Wohl jeder Mensch wünscht sich ein Leben, das sich lohnt. Ich wünsche Ihnen, dass dieses Buch ein Wegweiser und Begleiter sein wird auf dem Weg zu diesem lohnenden Leben. Dass es Ihnen hilft, zu entdecken, wie nahe Sie dem Glück bereits sind. Und Ihnen Mut macht, die Bausteine, die zu Ihrem Glück noch fehlen, entschlossen in Ihr Lebenshaus einzubauen. Konkrete Fragen, Übungen und Impulse am Ende jedes Kapitels wollen dafür eine Hilfe sein. Sie können diese Fragen für eine persönliche Reflexion verwenden, aber auch als Grundlage für einen Austausch mit anderen oder für ein Gruppengespräch benutzen.

Machen wir uns gemeinsam auf den Weg!

1 Gerne Frau sein

Das erste Geheimnis lautet: Eine erfüllte und erfolgreiche Frau fühlt sich in ihrem eigenen Körper wohl. Sie genießt es, Frau zu sein, und lebt im Einklang mit ihrer Weiblichkeit.

Ich habe in der Art und Weise, wie Frauen mit ihrem Körper umgehen, zwei Extreme beobachtet: Die einen nehmen ihn zu wenig ernst, vernachlässigen die Sorge für den Körper und leben manchmal sogar auf Kriegsfuß mit ihrer Weiblichkeit. Die anderen machen Gesundheit, Fitness und gutes Aussehen zu einem Idol. Beide Haltungen treffen nicht das, was eine gesunde Beziehung zum eigenen Körper ausmacht. Ich plädiere deshalb für einen ausgeglichenen Mittelweg zwischen den genannten Extremen.

Es genießen, eine Frau zu sein

Von wem lernt ein Mädchen, was es heißt, Frau zu sein? Zuerst einmal beobachtet es die eigene Mutter, um die eigene weibliche Identität und Bestimmung zu entdecken. Das Verhalten der Mutter, die Weise, wie sie über sich selbst als Frau oder über das Frausein redet, wie sie sich selbst behandelt und vor allem ihre unausgesprochenen Botschaften – all das wird Einfluss auf ihre Tochter haben. Auch das Verhältnis zwischen den Eltern, die Weise, wie sie als Mann und Frau miteinander umgehen, und die Beziehung des Vaters zu seiner heranwachsenden Tochter werden ihre spätere Identität als Frau beeinflussen.

Ich habe z. B. von meiner Mutter gelernt, dass es *nichts* gibt, was eine Frau nicht tun kann. Sie war sehr selbstbewusst und „emanzipiert" und hat im Leben sehr viel erreicht. Für diese Lektion bin ich dankbar. Aber was Weiblichkeit betrifft, z. B. wie eine Frau sich schön kleidet oder sanft und fürsorglich mit anderen umgeht, habe ich nicht von ihr lernen können. Für diese Aspekte des Frauseins musste ich andere Vorbilder suchen. Von meinem Vater kam die Botschaft, dass ich als Frau wertvoll und geschätzt bin. Als der erste Mann in meinem Leben hat er mich immer mit Respekt und Liebe behandelt. Das hat meinen Selbstwert als junge Frau gestärkt.

Natürlich sind wir auch geprägt von unserer Umwelt: Nachbarinnen, Tanten, Großmütter, Lehrerinnen und Freundinnen sind alle Vorbilder für junge Frauen. Vielleicht noch mehr Einfluss haben Frauenbilder, die die Medien uns vorstellen: Pop-Idole, Filmstars, Models und Barbie-Puppen bilden für viele Mädchen heutzutage den Maßstab dafür, wie gelungenes Leben für eine Frau aussieht.

Es ist heute für eine junge Frau sicher eine große Herausforderung, ihre eigene Identität zu entwickeln und zu dem Punkt zu gelangen, wo sie sich in ihrer eigenen Haut wohl fühlt. Aber auf der Suche nach dem Glück ist es eine grundlegende Aufgabe, die absolviert werden muss. Hilfreich bei dieser Suche werden sicher vor allem Beziehungen zu anderen Frauen sein, die Vorbilder sind oder Orientierung geben. Auch Biografien über Frauen, die in ihrer Welt Spuren hinterlassen haben, können uns inspirieren und unsere Perspektive erweitern. Manchmal können sie auch helfen, unsere eigenen Vorstellungen vom Leben gegen diese Lebensentwürfe abzugrenzen. Nicht zuletzt gibt es viele hilfreiche Sachbücher,

Artikel und Zeitschriften, die zu Begleitern auf dem Weg in die eigene Identität als Frau werden können.[2]

Sich wohl fühlen im eigenen Körper

Eine reife Frau ist „per du" mit ihrem eigenen Körper. Sie kennt ihre Belastungsgrenzen und ihre starken Zeiten. Sie weiß, wie viel sie sich zumuten kann.

Sie lebt bewusst mit ihrem Monatszyklus und weiß, wo sie in ihrem Zyklus momentan steht. Sie ist sich darüber im Klaren, dass eine Frau aufgrund der Schwankungen im Hormonhaushalt lernen muss, im Gleichklang mit ihrem Körper und nicht gegen ihn zu leben. Etliche Frauen leiden unter PMS (dem prä-menstruellen Syndrom). In den Tagen vor der Regel sind sie besonders gereizt oder traurig und erleben emotionale Schwankungen, Unausgeglichenheit oder Stimmungstiefs. Aus Erfahrung weiß ich, dass ich gerade in dieser Zeit nicht besonders leistungsfähig bin.

Die Kunst besteht darin, diese Zustände nicht zu übergehen, sondern sie klug in meinen Alltag einzuplanen. So versuche ich, in diesen Tagen wenn möglich keine Extra-Termine einzuplanen. Ich habe auch die Erfahrung gemacht, dass es für unsere Ehebeziehung förderlich sein kann, meinen Mann vorzuwarnen. Ich brauche nur zu sagen: „Schatz, es ist die vierte Woche", und er geht schon in Deckung.

Die Kunst besteht darin, die eigenen Schwachstellen bewusst in die Alltagsplanung einzubeziehen. So werden sie für mich und andere leichter erträglich.

Einmal, als alle unsere drei Kinder in der Pubertät waren, war ich nervlich ziemlich angespannt. Die ständige laute Musik hat mich gereizt, ihr Benehmen hat mich genervt, und ich konnte mich nur noch aufregen und kritische Bemerkungen machen. Während ich das Abendessen vorbereitete, meldete sich mein schlechtes Gewissen über meinen unfreundlichen Ton im Umgang mit ihnen. Als wir dann alle am Tisch saßen, entschuldigte ich mich: „Hört mal, ich möchte euch sagen, dass ihr heute wirklich nicht so schlimm wart, sondern ich war einfach nicht gut drauf. Es tut mir Leid, dass ich so grantig war und euch angeschrien habe. Das Problem ist, dass ich kurz vor meiner Regel stehe, und da geht es mir einfach nicht so gut. Bitte habt Geduld mit mir."

Unser ältester Sohn Christopher, damals siebzehn, sagte darauf: „Kein Problem, Mama! Das kenne ich schon von den Mädchen in der Schule. Es gibt Tage, wo ich nichts richtig machen kann. Ich möchte mit ihnen einfach herumflaxen, und sie sagen: ‚Lass mich in Ruhe!' Wenn ich dann versuche, ihnen aus dem Weg zu gehen, sind sie beleidigt und fragen, warum ich so unfreundlich bin. Ich weiß wie Frauen sind, wenn sie PMS haben!"

Auch wenn ich den Einfluss der Hormone auf meinen Gemütszustand manchmal als Herausforderung erlebe – ich bin trotzdem froh, eine Frau zu sein und möchte lernen, immer besser im Einklang mit meinem Zyklus zu leben.

Das Beste aus meinem Typ machen

Eine Frau, die sich in ihrem eigenen Körper „zu Hause" fühlt, weiß auch, wie sie das Beste daraus machen kann. Sie muss dazu nicht eine „Modellfigur" haben. Aber sie sollte wissen, wie sie ihre Figur durch die richtige Kleidung zur Geltung bringen kann, sodass „Problemzonen“ nicht so auffallen.

„Das Beste aus mir machen“ heißt nicht nur, dass ich den passenden Kleidungsstil für mich entdecke, sondern auch die richtigen Farben. Jede Frau hat einen bestimmten Typ, zu dem bestimmte Farben passen, in denen sie attraktiv aussieht, auch ohne Make-up. Umgekehrt können sich andere Farben sehr unvorteilhaft auswirken, sodass Sie blass und kränklich aussehen.

Gepflegtes Aussehen muss nicht teuer sein. Viel wichtiger ist eine positive Einstellung zum eigenen Körper.

Es macht Spaß zu entdecken, welche Farben, welcher Kleidungsstil, welche Frisur und welches Make-up mir am besten stehen. Ich muss nicht viel Geld haben, um gut auszusehen. Viel wichtiger ist eine positive Einstellung zu meinem Körper und die Bereitschaft, das Beste daraus zu machen. Diesen Unterschied spüren übrigens die Männer sofort. Die meisten stehen nicht auf viel Make-up, wohl aber auf ein selbstbewusstes und freundliches Auftreten. Am wichtigsten sind immer die Augen, meint mein Mann!

Manchmal, wenn wir miteinander in der Stadt unterwegs sind und uns eine elegant gekleidete Frau entgegenkommt, sage ich zu meinem Mann: „Schau mal, das ist aber eine fesche Frau!“ Nicht selten erwidert er auf meine Bemerkung: „Aber hast du ihre Augen gesehen? Sie waren wie tot! Sie mag vielleicht toll gekleidet sein, aber sie hat keine Ausstrahlung!“

Ein beeindruckendes Beispiel einer Frau, die weiß, wie sie das Beste aus ihrer Weiblichkeit machen kann, ist Eva. Sie leidet an einer unheilbaren Krankheit, die ihre Nerven und Muskeln angreift, und ist deshalb an ihren Rollstuhl gefesselt. Aber Eva ist eine wunderschöne Frau, trotz ihrer Behinderung. Sie hat eine liebevolle Betreuerin, die sie herrichtet und ihr beim Anziehen, Frisieren und Schminken hilft. Als Mitreferentin bei einem Frauenfrühstückstreffen fiel mir Eva auf und ich musste sie wirklich bewundern! Sie war nicht nur äußerlich wirklich schön, sie hatte auch eine innere Ausstrahlung, die nicht zu übersehen war. Diese attraktive Frau hat das Geheimnis gelernt, sich auch in ihrem sehr verkümmerten Körper wohl zu fühlen und das Beste daraus zu machen. Wie viel mehr sollte das möglich sein für diejenigen von uns, die in einem gesunden Körper zu Hause sind!

Gut mit meinem Körper umgehen

Eine positive Einstellung zu meinem Körper zeigt sich zuerst darin, dass ich mit mir selbst gut umgehen kann und dass mein Körper bekommt, was er braucht, um gesund zu sein. Gott hat uns Menschen so geschaffen, dass Körper, Geist, und Seele eng miteinander verknüpft sind.

Das habe ich früher nicht immer begriffen! Als junge Frau, so zwischen siebzehn und siebenundzwanzig Jahren, habe ich meiner Gesundheit nicht besonders viel Aufmerksamkeit geschenkt. Ich war ständig unterwegs, voll engagiert, zuerst in meinem Studium und dann beruflich. Mein Terminkalender war übervoll, und es blieb nur wenig Zeit, um mich zu erholen oder ein gutes Essen in Ruhe zu genießen.

Gott hat den Menschen so geschaffen, dass Körper, Geist und Seele eng miteinander verknüpft sind.

Ich bin in diesen Jahren immer wieder krank geworden, hatte Kieferhöhlentzündungen und schlimme Halsschmerzen. Ich habe Antibiotika und andere Medikamente geschluckt, um wieder fit zu sein, damit es weitergehen konnte. Aber ich habe keinen Zusammenhang zwischen meinen immer wiederkehrenden Krankheiten und meinem Lebensstil gesehen! Rückblickend ist mir klar, dass ich damals viel zu wenig geschlafen und mich nicht vernünftig ernährt habe und dass ich zudem überlastet war.

Ein anderes Beispiel für die enge Verbindung zwischen Körper und Seele habe ich wenige Jahre später bei meinem Mann erlebt. Wir sind als jung verheiratetes Paar für zwei Jahre nach Vancouver, Kanada, übergesiedelt, damit mein Mann sein Theologiestudium beenden konnte. Weil er die Zeit und Gelegenheit voll ausnutzen wollte, schrieb er sich bei möglichst vielen Kursen und Vorlesungen ein. Dabei hatte er vergessen, dass er noch nebenbei Ehemann und Vater war und dass er dieses Studium nicht in seiner Muttersprache machte, sondern in Englisch!

Nach knapp zwei Wochen bekam mein Mann, der sonst sehr sportlich und gesund war, plötzlich immer stärker werdende Rückenschmerzen. Als er zur ärztlichen Untersuchung ging, befürchteten wir Schlimmes.

Nach zwei gründlichen Untersuchungen sagte der Arzt, rein körperlich sei alles in Ordnung. Die Rückenschmerzen müssten eine psychische Ursache haben. Zuerst haben wir beide gelacht. Arthur war ein lebensfroher und ausgeglichener Mann. Was für psychische Probleme sollte er haben?!

Aber der Arzt ließ nicht locker. Nach näherer Befragung über Arthurs Lebensstil und Arbeitspensum wies er vorsichtig darauf hin, dass mein Mann sich vielleicht momentan doch zu viele Anforderungen aufgeladen haben könnte und unter diesem Stress litt.

Seinen Vorschlag, ein paar Kurse auf das folgende Semester zu verschieben, hat Arthur ungern befolgt, obwohl seine Schmerzen inzwischen immer schlimmer geworden waren. Doch die Auswirkung war erstaunlich. Innerhalb weniger Tage waren die Rückenschmerzen weg! Als ob eine schwere Bürde seinen Rücken belastet hätte, ohne dass er es überhaupt wahrgenommen hatte. Nun konnte er wieder frei atmen und aufrecht stehen.

Körper, Geist und Seele sind eine Einheit. „Wellness" ist das moderne Wort, das gesundes Wohlbefinden in all diesen drei Bereichen beschreibt. Um im eigenen Körper wirklich „zu Hause zu sein", braucht es drei wichtige Voraussetzungen: Gesunde Ernährung, regelmäßige Bewegung und richtige Entspannung.

Gesunde Ernährung

Viele Frauen machen sich Gedanken über ihre Figur. Die Gedanken kreisen ständig um das Gewicht. Die Waage wird zur Zwangsvorstellung. Sie möchten so gern abnehmen. Sie probieren zuerst diese Diät aus und dann jene, verlieren vielleicht zwei Kilo, aber nach kurzer Zeit nehmen sie wieder zu: der so genannte „Jo-Jo-Effekt".

Wir brauchen nicht jeden Monat eine neue Diät, sondern eine gesunde Einstellung zur Ernährung und zu uns selbst.

Was wir brauchen ist nicht jeden Monat eine neue Diät, sondern Information über die richtige Ernährung und Hilfestellung, um gesunde Essgewohnheiten zu entwickeln, die wir ein Leben lang beibehalten können.

Vor einigen Jahren, als wir bauten und sehr angespannt waren, legte ich einige überflüssige Kilos zu. Die Teilnahme an einer „Weight Watchers"-Gruppe hat mir dann geholfen, wieder auf mein Zielgewicht zu kommen. Dort habe ich allerhand über gesunde Ernährung gelernt und Unterstützung bekommen, mein Essverhalten entsprechend umzustellen.

Regelmäßige Bewegung

Verantwortungsbewusst mit meinem Körper umzugehen heißt für mich auch, regelmäßig sportlich aktiv zu sein. Der menschliche Körper ist für Bewegung geschaffen, und er verkümmert, wenn er zu wenig davon bekommt. Nicht alle Frauen lieben Sport, aber ich bin überzeugt, dass jede wenigstens eine Sport- oder Bewegungsart finden sollte, die sie mit Freude ausüben kann. Allein 20 Minuten pro Tag in der frischen Luft flott spazieren gehen wirkt Wunder! Wenn Sie das täglich tun, werden Sie bereits nach zwei Wochen merken, dass Sie mehr Energie und Ausdauer haben, eine frische Hautfarbe und mit der Zeit auch schönere Beine bekommen.

Vielleicht denken Sie wie ich, als ich mit Anfang Zwanzig über die Vorteile von sportlicher Bewegung hörte. Ein guter Freund wollte mich überzeugen, ich solle anfangen zu joggen. „Wie langweilig!", dachte ich, „dann ist man verschwitzt und muss nachher duschen. Das braucht zu viel Aufwand, und es geht zu viel Zeit verloren. Nein, danke!"

Und dann ist mir etwas passiert: Ich habe beim Skifahren einen Unfall gehabt und mein Knie verletzt. Die

Heilung hat Monate gedauert, und ich musste befürchten, dass ich vielleicht nie wieder laufen könnte. In dieser Zeit habe ich mir vorgenommen: Falls es noch einmal gut wird, dann werde ich anfangen, regelmäßig zu joggen. Mein Knie ist endlich wieder heil geworden, und ich habe mein Versprechen gehalten.

30 Jahre sind inzwischen vergangen. Ich möchte das Joggen nicht mehr missen! Es gehört jetzt zu meinem Alltag und ist zu einem Lebensstil geworden. Ich versuche, wenn möglich vier bis fünf Mal pro Woche für circa 20–30 Minuten zu joggen. Ich tue es nicht nur für meinen Körper, sondern auch für meine Seele und meinen Geist. Ich habe eine wunderschöne Route entlang eines Flusses und durch einen Wald gefunden und genieße die Gelegenheit, die verschiedenen Jahreszeiten ganz bewusst wahrzunehmen. Die frische Luft und die Betrachtung der Natur helfen mir, Stress abzubauen und meine Gedanken frei laufen zu lassen oder zu ordnen. Während ich laufe, kann ich Pläne schmieden, Ideen nachgehen, für Familie und Freunde beten oder manchmal einfach nur – an nichts denken!

Richtig entspannen

Ein schwieriges Problem für viele von uns in der heutigen Zeit ist die Stressbewältigung. Wenn uns zu viele Sorgen belasten oder wir durch Beruf oder Kindererziehung oder sonst etwas überfordert sind, dann fühlen wir uns „gestresst" und unwohl.

Stress ist für die meisten von uns unvermeidbar. Aber erfolgreiche und erfüllte Frauen scheinen einen Weg gefunden zu haben, wie sie Stress abbauen können. Entspannung wird für jeden Menschen ein bisschen anders ausschauen, aber ich möchte Ihnen mit ein paar Tipps verraten, was mir hilft:

- Frische Luft und Bewegung helfen mir am allermeisten, wie ich schon erwähnt habe.
- Mich mit einer Freundin zu treffen und zu plaudern oder mir Dinge von der Seele zu reden, die mich belasten, ist ebenfalls wohltuend.
- Eine Tasse Tee zu trinken, während ich ruhige Musik höre und in meinem Tagebuch schreibe, ist ein weiteres bewährtes Rezept.
- Oder ich nehme mir Zeit, in Gottes Wort zu lesen und zu beten, dass er mir Weisheit, Kraft und eine neue Perspektive schenkt.
- Manchmal tut es auch gut, einfach zu weinen, wenn es mir danach zumute ist. Aber noch besser ist es, wenn ich herzlich lachen kann! Lachen entspannt, und Humor ist ein wirksames Hilfsmittel gegen Stress.

Wenn ich ein persönliches Rezept für Sie schreiben sollte, dann würde ich sagen: Finden Sie heraus, was Ihnen Freude bereitet und Ihnen hilft, Harmonie zu finden. Wichtig ist, dass Sie eine Strategie entwickeln, wie Sie Stress abbauen und wieder zu Ihrem inneren Gleichgewicht finden können.

Impulse zur Umsetzung

1. Wer war (oder ist) für mich ein Vorbild einer erfüllten und erfolgreichen Frau? Was genau fasziniert mich an ihr?

2. Was genieße ich besonders am „Frau sein"? Womit habe ich meine Mühe?

3. Wie merke ich in meinem eigenen Leben, dass Körper, Seele, und Geist eng mit einander verknüpft sind? Wie kann ich diese Erkenntnis anwenden, wenn ich eine Verbesserung meiner Lebensqualität bewirken will?

4. Wo bin ich gut unterwegs in den Bereichen *Ernährung, Bewegung und Entspannung*? Wo möchte ich etwas ändern?

2 Sich wohl fühlen mit dem anderen Geschlecht

Das zweite Geheimnis, das ich bei erfolgreichen und erfüllten Frauen beobachte, ist mit dem vorigen eng verknüpft. Erfüllte Frauen können nicht nur ihr Frausein genießen. Sie fühlen sich auch wohl mit dem anderen Geschlecht.

Die meisten Frauen haben regelmäßig mit Männern zu tun – es sei denn, sie leben in einem Kloster. Es gibt Väter, Brüder, Ehepartner, Söhne, Freunde, Kollegen, Nachbarn und Verwandte. Und jede Frau, die in irgendeiner Art und Weise mit Männern zu tun hat, wird mir Recht geben: Männer sind tatsächlich anders als Frauen!

In meiner Studentenzeit war die Emanzipation der Frau in aller Munde. Die gängige Philosophie war, dass Männer und Frauen, abgesehen vom offensichtlichen Geschlechtsunterschied, gleich seien. Inzwischen gilt es wieder als bewiesen, dass es viel mehr gibt als nur „den kleinen Unterschied“. Unter anderem hat die Gehirnforschung gezeigt, dass es deutliche Verschiedenheiten in der Struktur und Organisation des Gehirns der verschiedenen Geschlechter gibt. So ist z. B. bei der Frau eine stärkere Verbindung zwischen der linken und rechten Gehirnhälfte vorhanden, was bedeutet, dass die emotionale Seite stärker mit der verbalen Seite verknüpft ist. Eine Frau kann deshalb ihre Gefühle oft besser ausdrücken, weil das, was sie gefühlsmäßig wahrnimmt, effektiver auf die verbale Seite ihres Gehirns geleitet wird. Männer haben auch Gefühle (auch wenn manche Frauen daran zweifeln), nur tun sie sich schwerer, diese in Worte zu fassen.

Anders, aber gleichwertig

In seinem Buch *Männer sind anders. Frauen auch!* beschreibt der amerikanische Paartherapeut John Gray diese Unterschiedlichkeit der Geschlechter in dem Bild: Männer sind vom Mars, Frauen von der Venus. Mit diesem Bild beleuchtet er die Besonderheiten in den Verhaltensweisen von Mann und Frau in den unterschiedlichsten Bereichen wie Kommunikation, Sexualität, Bedürfnisse und Begabungen. Das Buch ist zu einem Bestseller geworden, nicht zuletzt deshalb, weil John Gray endlich ausdrückt, was viele Paare immer wieder tief innen geahnt haben: „Mein Partner muss von einem anderen Planet kommen! Ich kann ihn oder sie einfach nicht verstehen!“

Manche Frauen fühlen sich von dieser Andersartigkeit der Männer in ihrer Umwelt bedroht. Sie sind leicht verunsichert und scheuen sich in der Gegenwart dieser andersartigen Wesen ihre eigene Meinung zu vertreten.

Prägungen und Erfahrungen der Vergangenheit müssen uns nicht auf ewig festlegen. Heute kann ich entscheiden, wie ich mit den Belastungen meines Lebens umgehen will.

Diese übervorsichtige oder extrem respektvolle Haltung gegenüber Männern kann aufgrund der Persönlichkeitsstruktur, oft aber auch als Folge einer bestimmten Erziehung auftreten. Natürlich spielen auch die Erfahrungen, die Frauen in Kindheit und Jugend mit Männern gemacht haben, eine Rolle. Vielleicht ist ein Mädchen ohne Brüder aufgewachsen, oder der Vater war in ihrer Kindheit nicht vorhanden oder unansprechbar. Möglicherweise kommt sie aus einem Familiensystem, das Frauen geringeren Wert zuerkannte als Männern. Es gibt Familien oder gesellschaftliche Gruppen, in denen noch immer die Meinung herrscht, Frauen seien weniger wert als Männer und hätten eigentlich nichts zu sagen. Manchmal wird diese Lebensphilosophie ganz offen vertreten, ein andermal wird diese Überzeugung eher indirekt kommuniziert. Aber das Ergebnis bleibt das gleiche: Männer und Frauen können sich nicht ungezwungen mit Freiheit und gegenseitiger Achtung begegnen.

Was kann eine Frau tun, der entweder aufgrund ihrer Persönlichkeit oder ihrer Erziehung ein unbefangener Umgang mit Männern schwer fällt? Vergangene Prägung und Entwicklung kann man nicht ungeschehen machen. Aber man kann die jetzigen Beziehungsstile und das eigene Verhalten anschauen und auswerten: Was finde ich gut in der Art und Weise, wie ich Männern begegne (und sie mir)? Was gefällt mir weniger? Was würde ich gerne ändern?

Der erste Schritt zur Veränderung ist die Anerkennung des Problems. Was stört mich? In welche Richtung wünsche ich mir eine Veränderung?

Der erste Schritt in Richtung Veränderung ist immer das Bewusstmachen des „Ist-Zustandes" und des „Soll-Zustandes". Ich nehme die gegenwärtige Situation wahr, nehme sie als meine Wirklichkeit an und formuliere ein Ziel: Welche Veränderung wünsche ich mir? Der Veränderungsprozess selbst geschieht dann durch kleine Schritte. Einige solche Schritte könnten folgende sein:

- Beobachten Sie Frauen, die einen unbefangenen Umgang mit Männern haben. Wo es möglich ist, suchen

Sie das Gespräch und fragen Sie einfach mal: „Wie machst du das ...?“

- Überlegen Sie, wo es in Ihrem Verwandten- oder Freundeskreis „sichere“ Männer gibt – glücklich verheiratete Männer, Vaterfiguren oder Gleichaltrige, zu denen eine rein freundschaftliche Beziehung möglich ist. Machen Sie diese Beziehungen zum Übungsfeld, in dem Sie Sicherheit im Umgang mit Männern gewinnen können.
- Lesen Sie ein Buch über Männer, z. B. „Der ungezähmte Mann“ von John Eldredge.
- Lesen Sie ein Evangelium in der Bibel und beobachten Sie, wie respektvoll und wertschätzend Jesus mit Frauen umgegangen ist.
- Erlauben Sie nicht, dass ein Mann (oder sonst jemand) Sie mit Verachtung behandelt. Gehen Sie mit erhobenem Kopf und der inneren Einstellung durch die Welt: Ich bin eine wertvolle und begabte Frau.
- Reden Sie mit anderen Frauen, die ähnliche Schwierigkeiten haben, und überlegen Sie gemeinsam verschiedene Strategien. Ermutigen Sie einander auf dem Weg der kleinen Schritte.

Unser Ziel sollte sein, dass Männer und Frauen sich befreit und mit gegenseitiger Achtung begegnen können. Einstellungen, die diese gegenseitige Achtung und Wertschätzung erschweren oder ganz verhindern, beobachte ich nicht nur bei Männern, sondern auch bei Frauen: Ich denke z. B. an die Verachtung, die manche Frauen Männern gegenüber in sich tragen. Sie sehen auf das männliche Geschlecht herab, denn Männer sind ja so gefühllos, verbal nicht gewandt, wehleidig, stur oder was sonst noch alles. Diese negative Haltung Männern gegenüber wird vielfach nicht offen ausgedrückt, aber manchmal sprechen Blicke oder Bemerkungen Bände. Es gibt wahrscheinlich ebenso viele „Männerwitze", wie es „Frauenwitze" gibt.

Eine selbstbewusste, reife Frau braucht weder zu Männern aufzuschauen noch auf sie herabzublicken. Sie kann die Andersartigkeit des männlichen Geschlechts annehmen und schätzen. Statt mit dem Gefühl des Bedroht-Seins oder mit Verachtung kann sie den Männern in ihrem Leben mit Wertschätzung und Akzeptanz begegnen. Solche Frauen strahlen meistens eine innere Sicherheit und Festigkeit aus, durch die ein Mann sich in ihrer Gegenwart wohl fühlen kann und ihr auch respektvoll begegnen wird.

Margret war eine solche Frau. Wir haben sie vor einigen Jahren kennen gelernt. Sie war damals fünfundsechzig Jahre alt und eine der erfolgreichsten Studentinnen in der Klasse, die auch mein Mann im Rahmen seines Studiums besuchte. Margret hatte als junge Frau Theologie studiert, zu einer Zeit, in der Frauen nicht als gleichwertig mit den männlichen Studenten angesehen wurden. Sie hatte es erlebt, dass einmal, als alle männlichen Studenten die Vorlesung wegen eines Fußballspiels geschwänzt hatten, der Professor, als er sah, dass nur drei Studentinnen anwesend waren, sich mit den Worten umdrehte: „Ach so, heute ist niemand da. Ich brauche keine Vorlesung zu halten."

Margret heiratete nach dem Studium und zog drei Kinder groß. Sie unterstützte ihren Mann, der Pfarrer war, mit großem Einsatz. Die beiden führten eine wunderbare Ehe, arbeiteten gerne zusammen und waren auch „beste Freunde". Es existierte ein Grundtenor von gegenseitiger Wertschätzung und Respekt in ihrer Beziehung, sodass Menschen sich in ihrer Gegenwart wohl fühlten.

Im Alter von sechzig Jahren starb ihr Mann unerwartet bei einem Autounfall. Von diesem großen Verlust war sie tief betroffen. Nach einer Zeit der Trauer fing sie sich wieder und entschied sich dann, eine Weiterbildung in Familientherapie zu absolvieren. In diesem Rahmen lernten wir sie kennen. Wieder war Margret eine von nur drei Frauen in einer Klasse von fünfundzwanzig Studenten. Aber sie war bei allen sehr beliebt und geachtet. Sie war eine selbstbewusste Frau, die ganz natürlich mit Männern umgehen konnte. Ich bin dankbar für die Freundschaft, die mein Mann und ich mit ihr teilen konnten und für alles, was ich von ihr lernen durfte. Diese erfüllte und erfolgreiche Frau begegnete jedem Menschen, ob Mann oder Frau, mit liebevoller Achtung.

Die Sprache des anderen lernen

Ein Erlebnis, das mir persönlich geholfen hat, Männer besser zu verstehen, hatte ich auf einem Seminarwochenende zum Thema „Innere Heilung von Kindheitsverletzungen". Ich sollte eine gemischte Kleingruppe von Frauen und Männern leiten. Bis zu diesem Zeitpunkt hatte ich nur Frauengruppen geleitet, und so war ich etwas nervös und unsicher, wie eine gemischte Gruppe gelingen würde. Es funktionierte sehr gut und war eine wunderbare Erfahrung für mich, bei der ich viel gelernt habe!

Die Männer und Frauen in der Gruppe gingen sehr sensibel und behutsam miteinander um. Sie hörten einander respektvoll zu, wenn jemand seine oder ihre persönliche Geschichte erzählte, und reagierten sehr mitfühlend und liebevoll. Es herrschte eine geborgene und sichere Atmosphäre in dieser Gruppe, in der sogar Tränen fließen konnten, ohne dass sich jemand dafür schämen musste. Ich fühlte mich geehrt, beobachten zu dürfen, wie hier starke und nach außen hin erfolgreiche und selbstsichere Männer es wagten, ihr Herz zu öffnen und sich verwundbar zu machen.

Als sie von ihren verborgenen Verletzungen und Sehnsüchten sprachen, kam mir manches bekannt vor. Hatte nicht mein Mann auch gelegentlich solche Themen angesprochen und versucht, mir mitzuteilen, wie Männer denken und empfinden? Aber ich hatte ihn früher vielleicht zu wenig ernst genommen oder ihn einfach nicht verstanden.

„Die Frau sorge dafür, dass der Mann gerne heimkommt. Der Mann sorge dafür, dass es ihr Leid tut, wenn er geht." Martin Luther

Einmal sagte er mir: „Auch wenn die ganze Welt mich lobt, hat das keine Bedeutung für mich, wenn du mich nicht respektierst."

Ein Mann braucht die Bewunderung seiner Frau. Aber er bekommt oft nur ihre Kritik und Unzufriedenheit zu hören. Ein verzweifelter Bekannter, der sich nach fünfundzwanzig Jahren Ehe überlegt, ob er sich scheiden lässt, sagt: „Ich habe meiner Frau nichts recht machen können. Ich habe sie nicht glücklich machen können. Es war nie gut genug!" Er hatte sich nach ihrer Anerkennung und Bejahung gesehnt und ist dabei verhungert.

Die Männer in dieser Gruppe brachten auch zum Ausdruck, dass Sex als Liebessprache für sie wichtig ist. Wenn sie nach einem anstrengenden Tag nach Hause kommen, sehnen sie sich nach einer Umarmung, möchten entspannen und ausruhen. Das Letzte, was sie möchten, ist reden. Sie holen sich Geborgenheit und Nestwärme durch körperliche Nähe, und wenn die Ehepartnerin sich auch daran freuen kann, dann fühlen Männer sich glücklich und in ihrem Mannsein bestätigt.

Aus vielen Beratungsgesprächen mit Ehepaaren weiß ich, dass etliche Frauen nach einem langen Tag völlig andere Wünsche haben. Sie sehnen sich nach einem vertrauten Gespräch mit ihrem Mann und fühlen sich „benutzt", wenn der Mann „immer nur das eine" will. Reden ist für die meisten Frauen keine Kunst und überhaupt nicht anstrengend. Darum verstehen sie nicht, dass ein Mann das anders empfindet.

Die schlechte Nachricht: Männer und Frauen sprechen verschiedene Liebessprachen.

Umgekehrt ist eine sexuelle Begegnung für die meisten Männer nicht anstrengend oder mühsam. Darum verstehen sie es nicht, wenn die Frau sagt: „Jetzt willst du auch noch was von mir!" Sex, so meint er, sei doch etwas Schönes, etwas, womit sich beide beschenken.

Es scheint, dass die Marsmännchen und die Venusweibchen die Fremdsprache des anderen lernen müssen, um erfolgreich zu kommunizieren und miteinander zu leben. Aber hier die gute Nachricht: Ich weiß aus persönlicher Erfahrung und aus unserer Arbeit mit Ehepaaren, dass es möglich ist, die Liebessprache des Partners zu lernen.

Natürlich geht es hier um mehr als nur um diese zwei Dialekte von Liebessprachen. In dem zu diesem Thema hilfreichen Buch *Die fünf Sprachen der Liebe* beschreibt Gary Chapman[3], wie jeder Mensch eine besondere Liebessprache versteht und selbst spricht. Deshalb ist es hilfreich herauszufinden, welche Sprache der Partner, die Kinder und die anderen Menschen um mich herum verstehen. Dann kann ich mich bemühen, meine Liebe in der entsprechenden „Sprache" auszudrücken, die der andere auch versteht.

Die gute Nachricht: Fremdsprachen kann man lernen – auch in der Liebe.

Als Erwachsene habe ich die Aufgabe, in mich selbst hineinzuhorchen, um zu entdecken, was meine Liebessprache ist. Es ist eine große Hilfe für meinen Partner oder andere Menschen, die mir nahe stehen, wenn ich diese Information preisgebe: „Ich fühle mich geliebt von dir, wenn ..." Wenn wir das tun, müssen unsere Mitmenschen nicht so viel Energie und Zeit dafür aufwenden, unsere Bedürfnisse zu erraten!

Als wir jung verheiratet waren und ich manchmal über etwas deprimiert oder frustriert war, wollte ich gerne mit meinem Mann darüber reden. Ich wollte einfach, dass er mir ein hörendes Ohr und eine Schulter zum Ausweinen leiht. Aber er dachte, dass ich eine Lösung für mein Problem suchte und fing sofort an, mir gut gemeinte Ratschläge zu geben.

Das hat mich verrückt gemacht! Oft war ich danach nicht nur wegen meines Problems frustriert, sondern auch noch ärgerlich auf ihn. Nachdem das einige Male passiert ist, erkannten wir ein immer wiederkehrendes Muster.

Kommunikation zwischen Mars und Venus ist möglich!

Mein Mann tat nur das, was von einem Mann in der Arbeitswelt erwartet wird und worin seine Stärke liegt: Er wollte Abhilfe schaffen, damit all meine Probleme gelöst werden. Er meinte es gut und wunderte sich sehr darüber, dass seine Sprache der Liebe bei mir nicht ankam.

Ich lernte daraus, gleich zu Anfang des Gesprächs kurz klarzustellen: „Arthur, ich möchte gerne etwas mit dir besprechen, aber ich suche momentan keine Lösung. Du brauchst mein Problem nicht aus der Welt zu schaffen. Ich würde mich einfach freuen, wenn du zuhörst und versuchst, meine Gefühle zu verstehen." Wenn ich ein Gespräch so ankündigte, konnte er diesen Wunsch wunderbar erfüllen. Es ist also tatsächlich möglich, für jemanden vom Mars mit jemandem von der Venus zu kommunizieren!

Sich ergänzen statt sich bekämpfen

Gerade weil Männer und Frauen unterschiedlich agieren und reagieren und unterschiedlich begabt sind, können sie sich ausgezeichnet ergänzen. Darum ist es so wichtig, dass in Projekt- und Leitungsteams, ob das in einer Firma, Schule, Kirche oder Gemeinde ist, Männer und Frauen zusammenarbeiten. Jedes Geschlecht bringt eine andere Perspektive mit und gewisse Stärken, die sonst nicht eingebracht werden könnten.

Seit unsere Kirchengemeinde vor ungefähr sieben Jahren die Entscheidung getroffen hat, „gaben-orientiert" statt „geschlechtsspezifisch" zu organisieren und zu leiten, hat unsere Gemeinde eine positive Entwicklung erlebt. Jetzt darf sich jede Frau und jeder Mann gemäß ihrer Begabungen in der Gemeinschaft einbringen und in den verschiedenen Aufgabenbereichen mitarbeiten. Die Menschen freuen sich, dass sie ihre Stärken einsetzen können, und die gesamte Gemeinde profitiert von diesem gemeinsamen Engagement.

Aufgrund meiner Beobachtungen in meiner mehrjährigen Arbeit mit Paaren bin ich zu folgendem Schluss gekommen: Nur ein starker, selbstbewusster Mann, der in sich selber ruht, ist nicht bedroht von einer begabten Frau. Umgekehrt gilt dies genauso. Eine erfüllte und erfolgreiche Frau geht mit den Männern in ihrer Umgebung respektvoll und wertschätzend um. Sie kann sich zwar schützen und abgrenzen, falls das notwendig ist. Weil sie in ihrer Identität als Frau geborgen ist, kann sie aber mit dem anderen Geschlecht versöhnt und befreit umgehen.

Falls Sie diese Art des Zusammenlebens in Ihrer eigenen Herkunftsfamilie nicht gelernt haben, dann können Sie neue Vorbilder und neue Erfahrungen suchen. Der Weg, etwas Neues zu erlernen, führt über drei Stufen:

1. Jemand sagt uns, wie es geht (Information oder Anweisungen).
2. Jemand zeigt uns, wie es geht (Beispiel).
3. Wir probieren es selber (Übung).

Das gilt auch für eine natürliche Beziehung zu Männern: Der beste Weg, einen versöhnten Umgang zwischen Frauen und Männern zu erlangen ist, eine gesunde Gruppe von Menschen zu finden, in der ein versöhntes und achtungsvolles Miteinander gelebt wird. Dies kann eine Familie, eine Glaubensgemeinschaft oder ein Verein sein. Ich wünsche allen von uns so eine förderliche Umgebung, in der alte, negative Umgangsformen abgelegt werden können und neue, positive Interaktionen zwischen Männern und Frauen zum Alltag gehören.

Impulse zur Umsetzung

1. Wie bin ich im Blick auf mein Selbstverständnis als Frau von meiner Herkunftsfamilie geprägt? Welche Rollenbilder und Bewertungen habe ich gelernt? Welche davon will ich beibehalten? Welche will ich revidieren?

2. Wer sind die Männer in meinem Leben, die ich besonders schätze? Was ist es, das mir an ihrem Verhalten oder „Sein“ gut tut?

3. Falls ich von Männern verletzt wurde, was habe ich getan, um auf diesem Gebiet Heilung zu erfahren? Wenn ich noch nichts getan habe, was könnte mir helfen hier weiter zu kommen?

4. Wie gehe ich mit den Männern in meinem Leben um? Können sich diese in meiner Gegenwart wohl fühlen?

3 Freundschaft pflegen

Das dritte Geheimnis eines erfüllten Lebens heißt: Freundschaft pflegen. Die glücklichsten Frauen, die ich kenne, sind jene, die gute Freundinnen haben. Sie wissen, was es heißt „Freundin“ zu sein, und können auf andere Menschen eingehen. Eine Freundschaft zu pflegen kostet Zeit, Energie und manchmal Geld. Aber eine solche Investition lohnt sich immer, denn eine gute Freundschaft ist nicht selbstverständlich.

In eine gute Freundschaft zu investieren zahlt sich immer aus.

Durch Freundschaften als Person wachsen

Als Studentin war ich aktiv in einer christlichen Studentenbewegung. Ich erinnere mich noch gut an einen Vortrag zum Thema: „Wie wachse ich in meiner Persönlichkeit und in meinem Glauben?“ Es wurde uns damals nahe gelegt, drei verschiedene Arten von gleichgeschlechtlichen Freundschaften zu suchen:

1. Eine Beziehung zu einer etwas älteren und im Glauben reiferen Person, damit ich von ihr lernen kann. Jede Frau braucht eine „Mentorin“, die im Leben schon ein Stück weiter ist und von deren Erfahrung und Weisheit die Jüngere profitieren kann.

2. Eine Beziehung mit jemandem in ungefähr meinem Alter, mit der ich „auf gleicher Wellenlänge“ bin – eine Freundin also, die sich in ähnlicher Lebenssituation befindet, sodass wir einander gut verstehen und begleiten

können. Mit solchen Freundinnen kann ich über alles reden und viel gemeinsam unternehmen.

3. Schließlich ist es auch wichtig, eine Beziehung zu einer jüngeren Person aufzubauen, die von meiner Erfahrung und Weisheit profitieren kann. So eine Beziehung macht mich sensibel für die Nöte und Bedürfnisse anderer und entwickelt in mir eine gesunde Hilfsbereitschaft und auch die Fähigkeit, für andere Mitverantwortung zu übernehmen.

Freundschaft will gestaltet sein – das erfordert Engagement von beiden Seiten.

Ich bin dankbar, schon damals, als junge Frau, diesen weisen Rat bekommen zu haben. Bis dahin hatte ich wohl gedacht, dass eine Freundschaft etwas sei, das uns einfach in den Schoß fällt. Nun erfuhr ich, dass man Freundschaften mitgestalten kann – und soll! Mein Verständnis von Freundschaft vertiefte sich, und ich sah, dass auch ich Wesentliches dazu beitragen kann.

„Bester Freund" ist nicht „beste Freundin"

Als ich frisch verheiratet war, erzählte ich allen stolz: „Mein Mann ist mein bester Freund!" Ich habe allerdings nicht lange gebraucht, um draufzukommen, dass Arthur zwar mein bester Freund ist, aber dass er nie meine beste Freund*in* sein wird! Es gibt Situationen, die nur eine Frau mit mir teilen und verstehen kann. Im ersten Jahr meiner Ehe habe ich eine andere Amerikanerin kennen gelernt, die ebenfalls mit ihrem Mann erst seit kurzem in Österreich lebte, die diese Lücke füllen konnte.

Francie und ich verstanden uns von Anfang an gut. Wir waren gleich alt, hatten ähnliche Interessen und waren beide dankbar, jemanden mit dem gleichen kulturellen und sprachlichen Hintergrund zu kennen. Dazu kam, dass wir im gleichen Jahr schwanger wurden! Da ihr Baby einige Monate früher zur Welt kam als meines, durfte ich mit dem kleinen Jonathan „üben". Sie zeigte mir, wie man ein Baby badet, wickelt, stillt und alles andere, was zum Baby-Haben dazugehört. Als es dann endlich bei mir so weit war, gab sie mir hilfreiche Tipps für die Zeit der Geburt. Sie sprach mir Mut und Zuversicht zu.

Diese freundschaftliche Unterstützung und gegenseitige Ermutigung verstärkte sich in den folgenden Jahren, vor allem dadurch, dass wir später sogar in der gleichen Nachbarschaft wohnten.

Wir trafen uns manchmal spontan, um spazieren zu gehen, wenn beide zufällig eine Stunde frei hatten. Wir hatten Kinder im gleichen Alter und in derselben Schule und konnten uns über jedes Problem oder Anliegen austauschen und miteinander beten. Wir hatten ähnliche Ziele und Werte und konnten einander ermutigen und aufrichten, einander korrigieren und miteinander lachen und weinen. Vor einigen Jahren übersiedelte Francie mit ihrer Familie wieder nach Amerika.

Obwohl sie jetzt weit weg ist, sind wir einander innerlich doch noch immer nah und freuen uns auf jedes Telefonat, jede E-Mail und jeden Besuch. Auch unsere zwei Söhne, die im gleichen Jahr zur Welt kamen, sind beste Freunde geworden!

Eine gute Freundschaft ist ein Geschenk und bereichert unser Leben!

Die ersten Monate und Jahre, nachdem Francie weggezogen war, trauerte ich ihr sehr nach. Ich vermisste unsere spontanen Begegnungen und die innige Gemeinschaft mit ihr. Wenn ich andere Frauen in meinem Bekanntenkreis traf, verglich ich sie mit Francie und kam traurig und enttäuscht nach Hause. Ich fühlte mich einsam und allein. Mein Mann tat sein Bestes, um mir die „beste Freundin" zu ersetzen, aber er gab schließlich auf.

Menschen sind nicht austauschbar. Aber Freunde sind überall zu finden – ich muss nur offen für die Begegnung sein.

Irgendwann verstand ich dann: Freundinnen sind nicht austauschbar! Francie kann niemand ersetzen, und meine Beziehung zu ihr wird immer einmalig bleiben. Aber ich kann mich für neue Beziehungen öffnen und lernen, andere Frauen wahrzunehmen und wertzuschätzen. Ich kann entdecken, wer sie sind und was sie zu geben haben. In der Zwischenzeit habe ich tatsächlich neue Freundinnen gewonnen, und ich bin dankbar für die Rolle, die sie in meinem Leben spielen. Ich musste meine Idealvorstellung von der perfekten besten Freundin abgeben und bereit sein, andere, „weniger vollkommene" Freundschaften zu genießen.

Ich erlebe jetzt, wie die verschiedenen Beziehungen in meinem Leben unterschiedliche Bedürfnisse befriedigen. Mit Susanne kann ich Sport betreiben, mit Katharina gehe ich ins Konzert und besuche kulturelle Angebote, mit Christina kann ich über Glaubensthemen sprechen und eine Gebetsgemeinschaft genießen und mit Barbara, einer Amerikanerin, rede ich Englisch und genieße die Tatsache, dass wir die gleichen kulturellen Wurzeln teilen.

Wenn eine Freundschaft gelingen soll, müssen beide Beteiligte die Initiative ergreifen und sich in die Beziehung einbringen. Die Freundschaft mit Francie war aus verschiedenem Gründen so einfach zu gestalten, während ich jetzt, in den anderen Freundschaften, mir öfter bewusst überlegen muss, wie und was ich in die Beziehung investieren kann. Es braucht Zeit, Energie und Fantasie, eine Freundschaft zu entfalten. Ich muss zugeben, dass ich hier viel zu lernen habe, und ich bin froh, dass meine Freundinnen so geduldig mit mir umgehen.

Zeit, Energie und Fantasie sind das Material, aus dem sich eine Freundschaft entfaltet.

Ein echtes Vorbild in Sachen Freundschaft ist für mich Tina. Sie ist eine erfolgreiche und erfüllte Frau etwa in meinem Alter und eine faszinierende und vielseitig interessierte Persönlichkeit. Diese attraktive und intelligente Frau hat noch nicht den richtigen Mann gefunden, auch wenn sie sich das lange Zeit sehr gewünscht hat. Tina ist jedoch alles andere als beziehungsunfähig! Durch ihr Beispiel habe ich sehr viel über Freundschaft gelernt!

Sie wohnt noch im selben Ort, in dem sie aufgewachsen ist und hat noch regelmäßigen Kontakt mit einigen Freundinnen aus ihrer Schulzeit. Diese Frauen, die alle im selben Jahr fünfzig geworden sind, haben zusammen ein tolles Geburtstagsfest gefeiert. Damit haben sie gleichzeitig ihre gute Freundschaft zelebriert, die sie durch die vielen Jahre begleitet hat. Da ich selbst so weit weg von meinem Zuhause wohne, wurde ich beinahe eifersüchtig und dachte: Wie schön muss es sein, mit Menschen alt zu werden, die mich als Kind gekannt haben und mit denen ich die gleichen Wurzeln teile ...

Obwohl Tina selbst keine Kinder hat, spielt sie eine sehr wichtige Rolle im Leben mehrerer junger Menschen. Ihre Freundinnen haben sie oft als Taufpatin für ihre Kinder gewählt, und sie nimmt diese Aufgabe sehr genau. Schon als Kleinkinder haben ihre Patenkinder Tinas Liebe und Zuwendung bekommen, und durch die Jahre hindurch haben sie in ihrer Patentante eine treue Freundin und weise Begleiterin gefunden. Tina hat immer wieder überlegt, was jedes Kind in einer bestimmten Phase brauchen könnte. Was ihm gut tun würde, und wie sie ihm zur Seite stehen könnte. Die meisten dieser Kinder sind jetzt erwachsen, aber der Kontakt zu Tina bleibt, und sie besuchen sie gern, weil ihnen ihre Freundschaft so viel bedeutet. Sie schenkt ihren Patenkindern ihre wertvolle Zeit, was ihnen noch mehr bedeutet als die Geschenke.

Ja, Tinas Leben ist gekennzeichnet von tiefen Freundschaften mit Jungen und Alten, mit Männern und mit Frauen, mit Nachbarn und mit Arbeitskollegen. So ist sie, obwohl sie allein lebt, nicht einsam, auch wenn das Alleinsein manchmal nicht leicht für sie ist.

Um wirklich glücklich zu sein, sind für uns Frauen gute Freundinnen unentbehrlich.

Wir Menschen sind für Beziehungen geschaffen, und wir verkümmern, wenn wir sie nicht haben. Unsere Eltern können wir nicht aussuchen, und nicht jede Frau hat einen liebevollen Ehepartner. Aber Freunde sind überall da zu finden, wo jemand bereit ist, sie zu entdecken und selbst Freund zu sein. Für uns Frauen sind gute Freundinnen unentbehrlich, um wirklich glücklich zu sein

Impulse zur Umsetzung

1. Gibt es in meinem Leben
   a) eine gute Freundin, die älter und weiser ist,
   b) eine Freundin, die ungefähr in meinem Alter und „auf der gleichen Wellenlänge" ist und
   c) eine jüngere Frau, die von meinen Erfahrungen profitieren kann?

2. Habe ich einmal eine „beste Freundin" gehabt? Wie hat das mein Leben bereichert?

3. Wer sind meine jetzigen Freundinnen? Welche Rollen spielen sie in meinem Leben?

4. Wie kann ich für andere eine Freundin sein? Wem könnte meine Freundschaft etwas bedeuten?

5. Was habe ich in meinen unterschiedlichen Freundschaftsbeziehungen zu geben?

4 Die eigenen Gaben kennen und einsetzen

Das vierte Geheimnis eines erfolgreichen und erfüllten Lebens hat mit den eigenen Talenten und Gaben zu tun. Was mache ich gern, und was kann ich wirklich gut? Die glücklichsten Menschen sind diejenigen, die ihre Gaben und Stärken kennen, und sie einsetzen, wo immer das möglich ist.

Ideal ist es natürlich, wenn man einen Beruf hat, in dem man genau das tun kann, wofür man begabt ist und was einem auch Spaß macht. Da fällt mir Laura ein, eine Therapeutin, die sich im Bereich „Essstörungen" spezialisiert hat. Laura hatte sich schon immer für richtige Ernährung interessiert, und schon als Studentin half sie gerne Menschen mit seelischen Problemen. Jetzt, nach einer guten Ausbildung, kann sie vielen jungen Frauen mit Magersucht oder Fresssucht helfen, wieder zu sich zu kommen und Heilung zu erleben.

Entdecken, was mir Freude macht und gelingt

Es ist natürlich sehr schön, wenn ich meine Gaben, Interessen und Neigungen im Beruf einsetzen kann. Dies ist jedoch nicht immer realisierbar. Auch wenn mein Beruf oder Job nicht genau das ist, was ich am liebsten tue, ist es möglich und wichtig, andere Bereiche im Leben zu finden, in denen ich meine Gaben und Interessen ausüben kann. Ich habe zwei gute Freundinnen, die beide künstlerisch sehr begabt sind. Zwar sind sie beruflich in ganz anderen Gebieten tätig, aber sie nützen in ihrer Freizeit ihre kreativen Fähigkeiten, indem sie Bilder und Grußkarten malen und ihre Räume dekorativ gestalten. Andere Frauen finden vielleicht im Kochen, Backen, in der Gartenarbeit oder in der Gastfreundschaft eine geeignete Möglichkeit, ihre Gaben einzusetzen. Wieder andere tanzen oder entdecken ihre Begabung fürs Schreiben.

Gegenseitige Bereicherung statt Konkurrenz

Wir Frauen sind sehr unterschiedlich, und wir sollten uns nicht miteinander vergleichen. Jede Frau hat gewisse Stärken oder Lebensbereiche, in denen sie besonders begabt ist. Und es gibt für jede Frau andere Bereiche, die weniger stark entwickelt sind. Ich zum Beispiel rede gern vor Menschen oder leite gerne Seminare, aber in der Küche fühle ich mich wesentlich unsicherer. Einen „gescheiten Apfelstrudel" könnte ich wahrscheinlich nicht zustande bringen, auch wenn mein Leben davon abhinge!

Mein Mann kommt aus einer Vorarlberger Bauernfamilie mit sechs Schwestern und einem Bruder. Diese Bergbauersfrauen sind alle sehr tüchtig und geschickt! Sie können ausgezeichnet kochen, backen und Marmelade machen – natürlich mit selbst gepflückten Beeren! Sie können wunderschön nähen, stricken, sticken und basteln. Arthur als das zweitjüngste Kind wurde in dieser Hinsicht von seinen größeren Schwestern ziemlich verwöhnt. Sogar an der Uni war er immer gut versorgt mit selbst gemachter Marmelade, Kuchen und Bergkäse von zu Hause.

In der Phase unseres Kennenlernens fühlte ich mich von diesen hoch begabten zukünftigen Schwägerinnen sehr verunsichert. Wie sollte ich mich als Frau beweisen, und was konnte ich Arthur anbieten, das er noch nicht von seinen Schwestern bekommt? Er lachte auf meine Sorgen hin nur liebevoll und meinte: „Da brauchst du keine Angst zu haben! Du kannst anderes für mich tun und sein als meine Schwestern.“ Seine positive Einstellung hat mir geholfen, meinen eigenen Begabungen und Fähigkeiten zu vertrauen und neues Selbstvertrauen zu gewinnen.

Ich bin einzigartig und habe einen Platz in dieser Welt, den sonst niemand füllen kann. Das zu wissen, entzieht jedem Konkurrenzgefühl den Boden.

Es gehört zu einer gesunden Selbstwertschätzung, die persönlichen Stärken und Schwächen zu kennen und zu akzeptieren. Ich bin einzigartig und habe einen Platz in dieser Welt, den sonst niemand füllen kann! Darum brauche ich mich nicht bedroht zu fühlen, wenn meine Nachbarin etwas besser oder etwas anderes tun kann als ich. Jede Frau ist ein Unikat. Wenn wir Frauen lernen, die Gaben anderer zu schätzen und für sie dankbar zu sein, dann können wir einander gegenseitig bereichern und bestätigen, anstatt in Konkurrenz zu treten.

Auch meine Grenzen gehören zu mir

An dieser Stelle, wenn von Gaben und Stärken die Rede ist, müssen unbedingt auch ein paar Worte über „Grenzen“ gesagt werden. Es ist wichtig, dass ich als Frau erkenne, wo meine Grenzen liegen, damit ich mich nicht total verausgabe. Viele Frauen tun sich hier schwer, weil sie nie gelernt haben, Nein zu sagen. Möglicherweise haben sie selbst Mütter gehabt, die für alle da und für alles zuständig waren. Diese Vorstellung, eine Frau sollte immer zur Verfügung stehen, hilfsbereit und freundlich sein, wurde vielen von uns eingeprägt. Aber sie ist unrealistisch! Eine Frau, die nicht Nein sagen kann, wird einen hohen Preis bezahlen.

In meiner Beratungspraxis begegne ich allzu oft Frauen, bei denen dieser Erwartungsdruck, immer für die anderen da sein zu müssen, körperliche oder seelische Symptome ausgelöst hat. Etliche haben ihre Lebensfreude auf dem Altar der ständigen Verfügbarkeit für andere geopfert.

Noch schlimmer ist, dass viele ihre eigene Identität verloren haben und keinen Zugang mehr dazu finden, was sie selber denken, fühlen oder wollen. In solchen Fällen ist es überlebenswichtig zu lernen, wieder auf die eigenen Bedürfnisse zu achten und zwar sowohl auf die körperlichen, als auch auf die seelischen und spirituellen Bedürfnisse.

Um im Gleichgewicht zu leben, muss ich nicht nur für die anderen, sondern auch für mich selbst sorgen.

Um Gleichgewicht zu bewahren, muss ich lernen, auch auf mich selbst zu achten, und nicht nur eine Antenne für die Wünsche und Erwartungen anderer zu sein. Das bedeutet immer wieder kurz innezuhalten und in mich hineinzuhorchen:

- Möchte ich diese neue Aufgabe übernehmen, oder wäre es besser sie abzulehnen?
- Was sind zurzeit meine persönlichen Bedürfnisse?
- Bekomme ich genug Schlaf?

- Erlaube ich mir selbst ab und zu, nichts zu tun?
- Was gibt mir Freude im Leben, und gönne ich mir das?
- Wie baue ich in meinem Alltag Stress ab?

Gut für mich selbst sorgen

Eine reife Frau kennt ihre eigenen Grundbedürfnisse und sorgt dafür, dass sie erfüllt werden – und zwar ohne schlechtes Gewissen. Diesem Ratschlag folgend habe ich gelernt, dass es einige Dinge gibt, die für mich unentbehrlich sind, um in der Familie und im Beruf mein Bestes zu geben und zu sein:

Zuerst brauche ich genügend Schlaf – durchschnittlich mindestens acht Stunden pro Nacht. Während der Universitätszeit hatte ich eine Zimmerkollegin, die nie vor Mitternacht ins Bett ging, und immer frisch und fröhlich um sechs Uhr aufstand. Das könnte ich vielleicht ein, zwei Nächte durchhalten, aber nicht viel länger. Ich bin ein Mensch, der viel Schlaf braucht und tue mir nichts Gutes, wenn ich das versäume.

Zweitens brauche ich täglich etwas „Stille Zeit" für mich allein. Ich bin gerne unter Leuten, und unsere Arbeit hat viel mit Menschen zu tun. Aber wenn ich nicht genügend Zeit für mich allein zum Auftanken kriege, dann bin ich ungenießbar. Durch die Jahre habe ich immer versucht, mir gleich in der Frühe, nachdem die Kinder das Haus verlassen hatten, diese „Stille Zeit" zu verschaffen. Ich habe eine Tasse Tee gemacht, meine Bibel, vielleicht eine Zeitschrift und mein Tagebuch geschnappt, und mich in meinem Lieblings-Sessel hinter dem Kachelofen versteckt.

Diese ruhige Zeit früh am Morgen, bevor mich die

Hektik des Tages überkommt, ist die beste Zeit für mich, meine eigenen Gedanken zu sammeln und Gottes Stimme zu hören. Oft lese ich in der Bibel und bete um Weisheit für meine verschiedenen Aufgaben, manchmal bin ich einfach still. Oder ich höre Musik, die mir gefällt, gelegentlich schreibe ich in meinem Tagebuch. Diese „Stille Zeit" hilft mir sehr, gestärkt und mit neuer Perspektive in den Tag zu gehen.

Ein drittes Grundbedürfnis für mich ist regelmäßiger Sport. Wenn mehr als drei Tage vergehen, ohne dass ich einmal Radfahren, Joggen oder Schwimmen war – dann fühle ich mich nicht wohl. Ich brauche Bewegung und frische Luft, um ausgeglichen und leistungsfähig zu bleiben.

Natürlich ist es nicht möglich, dass immer all meine Bedürfnisse zu ihrem Recht kommen. Oft muss ich mit weniger Schlaf auskommen, oder der Tag ist so überfüllt, dass es nicht möglich ist, meine „Stille Zeit" zu haben oder Sport zu betreiben. Aber wenigstens erkenne ich, was mir gut tut, und versuche das in mein Leben einzubauen. Inzwischen weiß mein Mann das auch zu schätzen; er hat mitbekommen, dass eine Frau, die auf sich selber schaut und gut für sich selbst sorgt, auch als Ehefrau und Mutter viel ausgeglichener und angenehmer ist.

Wer etwas für sich selbst tut, ist auch für die anderen besser zu genießen.

Prioritäten setzen

Zum Schluss noch ein ganz wichtiger Punkt: Um ein erfolgreiches und erfülltes Leben zu führen, müssen wir Frauen lernen, Prioritäten zu setzen. Wir haben nur begrenzte Energie und Zeit, die wir nicht überall einsetzen können. Darum ist es so wichtig, Nein sagen zu können. Für mich persönlich ist das eine bleibende Herausforderung!

Es gibt so vieles, das ich gerne tun würde, so viele attraktive Möglichkeiten, bei denen ich meine Ausbildung und meine Begabungen einsetzen könnte, um anderen zu helfen und vielleicht auch gleichzeitig Geld zu verdienen. Da könnte ich einen Kurs unterrichten, hier ein Seminar leiten, oder zusammen mit meinem Mann jemanden in der Eheberatung begleiten. Gerade in der Zeit, in der alle Kinder noch zu Hause waren, musste ich immer wieder abwägen: Was ist jetzt wichtig? Wenn ich versucht war, noch eine zusätzliche Aufgabe außerhalb des Hauses anzunehmen, dann betete ich um Weisheit und überlegte: „Passt das in unser jetziges Leben hinein? Kann ich damit oder trotzdem weiterhin mein erstes Ziel erreichen, für meine Kinder eine gute Mutter in dieser Phase ihrer Entwicklung zu sein?“

Um die großen Ziele im Leben zu erreichen, muss man unter Umständen zu vielen kleinen Möglichkeiten nein sagen.

Es gibt einen kurzen Bericht im Markusevangelium, an dem ich mich in solchen Situationen orientiere (Kapitel 1,35ff): Dort sehen wir, wie Jesus Prioritäten setzt und auch Nein sagen kann. Nach einem vollen Sabbat-Tag, der für ihn überhaupt kein Ruhetag ist, steht er am nächsten Tag früh auf, um Zeit allein mit Gott zu verbringen: „Er ging an eine einsam gelegene Stelle, um dort alleine zu beten.“ Die Jünger entdecken sein Versteck und möchten ihn überzeugen, sich doch den Nöten der Menschen um ihn herum zuzuwenden: „Alle Leute fragen nach dir!“ Aber Jesus lässt sich nicht von den Zielen und Prioritäten ablenken, die Gott ihm gegeben hat. Er wagt es, zu den Aufgaben, die seine Jünger als wichtig und dringend ansehen, Nein zu sagen, weil für ihn seine Berufung klar ist: „Wir müssen auch noch in die anderen Dörfer gehen, um dort die Heilsbotschaft zu verkünden. Das ist meine Aufgabe."

Ich möchte mir auch gern so eine klare Lebensvision aneignen und mir bewusst werden, welche Berufung und Begabungen ich habe.

Wer viel geben möchte, muss darauf achten, dass der Vorrat, aus dem er schöpfen will, nicht aufgezehrt wird.

Wir Frauen haben viel zu geben – in der Familie, in der Berufswelt, in der Kirche und in der Gesellschaft. Aber wir müssen lernen, gleichzeitig Grenzen zu setzen, und manchmal Nein zu sagen, ohne ein schlechtes Gewissen zu haben. Eine reife und verantwortungsbewusste Frau kennt ihre eigenen Einschränkungen – ob körperlich, nervlich, emotional oder zeitlich – und kann innerhalb dieser Begrenzungen erfüllt leben. Nur so kann sie ihre Gaben und Fähigkeiten erfolgreich und freudig einsetzen.

Impulse zur Umsetzung

1. Wo sehe ich meine Begabungen oder Stärken? Und wo sind meine Schwächen oder Wachstumsbereiche?

2. Wo fällt es mir schwer, mich abzugrenzen oder NEIN zu sagen? Wo gelingt es mir?

3. Was sind meine Grundbedürfnisse? Kommen diese Grundbedürfnisse zu ihrem Recht?

4. Was ist in der jetzigen Phase meines Lebens vorrangig wichtig? Welche Ziele haben hohe Priorität?

5 Frieden mit der Vergangenheit

Das fünfte Geheimnis begründet sich auf die Fähigkeit, mit der eigenen Vergangenheit Frieden zu schließen. Wissen Sie, es gibt sehr wenige Menschen, die eine wunderschöne Kindheit und eine fast perfekte Familie erlebt haben. Die meisten von uns haben fehlerhafte Eltern und Lehrer gehabt, die uns als Kinder nur mangelhaft das geben konnten, was wir damals gebraucht hätten. Fast jede(r) hat als Kind kleinere oder größere Enttäuschungen und seelische Verletzungen erlebt, und manche mussten sogar groben Missbrauch erleiden.

Die wenigsten Menschen hatten eine ideale Kindheit, perfekte Eltern und optimale Ausgangsbedingungen für ihr Leben.

Deshalb es ist sehr wichtig, dass wir uns als Erwachsene mit unserer Vergangenheit und unserer Herkunftsfamilie auseinander setzen und beginnen, damit Frieden zu schließen. Das ist natürlich ein Prozess, der nicht von heute auf morgen abgeschlossen wird, sondern ein Weg mit verschiedenen Stationen.

Viele von uns möchten ihre Vergangenheit am liebsten vergessen, oder wenigstens Teile von ihr. Vielleicht waren Erlebnisse in meiner Jugend zu schmerzhaft, und ich bin froh, dass diese Zeit vorbei ist. Wenn ich jedoch meine Vergangenheit als „erledigt“ betrachte, verliere ich einen Teil von mir selbst! Denn auch die negativen Erfahrungen haben mich geformt und dazu beigetragen, dass ich der Mensch bin, der ich heute bin.

Drei Weisen, der eigenen Geschichte zu entfliehen

Es gibt drei häufig zu beobachtende Weisen, wie Menschen versuchen, ihre Vergangenheit loszuwerden.

1. Vergessen und verdrängen

Da ist zunächst der Versuch, schmerzhafte Erlebnisse oder schlimme Erfahrungen zu vergessen, zu ignorieren oder zu verdrängen.

Ein Beispiel für diese Art, mit seiner Vergangenheit umzugehen, ist Thomas, der mit seiner Verlobten zu meinem Mann und mir zur Ehevorbereitung kam. Zufällig kannten wir seine Eltern ziemlich gut und waren sogar früher öfters bei ihnen eingeladen. Ich habe mich dort nie besonders wohl gefühlt, weil sein Vater oft sehr hart und respektlos mit seiner Frau umgegangen ist. Später ließen sich Thomas' Eltern scheiden. In unserem Gespräch mit Thomas hatte er jedoch von seiner Kindheit und seinen Eltern nur Positives zu berichten. Ich vermute, dass er die Realität einfach verdrängt hatte, weil es zu schmerzhaft war.

2. Ablenkung

Andere versuchen durch Aktivität von ihren seelischen Verletzungen abzulenken oder sie zu verbergen. Das äußert sich zumeist in irgendeiner Form von Überengagement, sei es im Beruf, in der Freizeit, im Sport oder in sonst einem Bereich.

Christine ist eine erfolgreiche Rechtsanwältin, die in ihrem Beruf nicht ohne viele Überstunden auskommt. Früher hatte ich Mitleid mit ihr, weil sie so wenig Freizeit hat. Eines Tages erwähnte sie dann aber einmal, dass sie Ferien oder Urlaub hasst: „Dann komme ich zum Nachdenken über mein Leben, und das macht mich verrückt!" Durch nahezu pausenloses Arbeiten hatte sie sich einen Fluchtweg geschaffen, um sich nicht mit ihrem Leben und möglicherweise negativen Erinnerungen beschäftigen zu müssen. Viele Menschen, die ein Suchtverhalten an den Tag legen, haben nicht selten auch ein Bedürfnis danach, den Schrei ihres verwundeten Herzens irgendwie zu übertönen.

3. Selbstmitleid

Eine dritte Möglichkeit, wie Menschen auf ihre schwierige Vergangenheit reagieren, ist die, in Selbstmitleid zu versinken.

Susanne kam in unsere „befreit leben[4]"-Gruppe, tief überzeugt, dass niemand sonst eine so traurige Lebensgeschichte hatte wie sie. In den ersten Sitzungen konnte sie nicht aufhören, über ihr Leid zu klagen. Ihre gesamte Einstellung war geprägt von dem Satz: „Ich armes Opfer!" Dieser Satz machte ihre Identität aus. Es brauchte lange Zeit, bis sie, nachdem sie auch die persönlichen Geschichten der anderen Teilnehmerinnen gehört hatte, in der Lage war zu erkennen, dass auch andere vom Leben gezeichnet sind.

Erst wenn ich bereit bin, meine Lebensgeschichte in ihrer Gesamtheit, mit allen positiven und negativen Erfahrungen, anzusehen und anzunehmen, kann ich damit

Groll und Verbitterung über die eigene Geschichte sind ein schweres Gewicht im Lebensrucksack. Belastendes weiter mitzuschleppen, kostet unnötig viel Energie.

Frieden schließen. Ich muss lernen, das Gute und das Schlechte in meinem Leben zu akzeptieren und zu integrieren, damit ich als „ganze Person" das Leben hier und jetzt erfolgreich gestalten kann.

Ich persönlich glaube, dass es keine Lebensgeschichte gibt, die ganz ohne Tränen ehrlich erzählt werden kann. Wir leben in einer „gefallenen Welt", die nicht mehr dem entspricht, was der Schöpfer sich vorgestellt hat. Die Verluste und Verletzungen unseres Lebens verdienen unsere Aufmerksamkeit und unsere Tränen. Ich habe in meiner Arbeit mit sexuell missbrauchten Frauen gesehen, wie wichtig es ist, Schmerz und Trauer zuzulassen. Tiefe Wunden, die jahrelang ignoriert wurden, heilen sehr schwer. Verletzungen zu erkennen, Gefühle wahrzunehmen und Trauerarbeit zu leisten, das sind Etappen auf dem Weg zur Heilung der Erinnerungen. Und das gilt nicht nur für besonders traumatische Erlebnisse, sondern im Blick auf alle kleineren und größeren Wunden, die wir in unserem Leben davongetragen haben.

Verletzungen loslassen

Wir dürfen aber nicht bei unserer Wut und Trauer stehen bleiben! Wenn wir das tun, werden wir nie befreit leben können. Wir müssen weitergehen, weil ein wichtiger Schritt noch vor uns liegt. Was meine ich damit? Lassen Sie es mich so erklären: Jede von uns hat ein starkes Bedürfnis nach Gerechtigkeit, und wenn jemand uns verletzt hat, dann gibt es zwei Dinge, nach denen wir uns sehnen:

Entweder die verletzende Person soll ihre Schuld einsehen und um Vergebung bitten.

Oder ich suche nach ausgleichender Gerechtigkeit, notfalls möchte ich Rache üben.

Gerade dort, wo es um schwer wiegende Verletzungen geht, die unter Umständen bleibende Lebenswunden hinterlassen, ist meine Erfahrung die: Nur wenige erleben es, dass der Mensch, der sie verletzt hat, sein Verhalten zugibt und um Verzeihung bittet. Vielleicht ist der betreffende Mensch schon tot, oder ich habe keinen Kontakt mehr zu ihm. Noch komplizierter ist es, wenn ich zwar noch Kontakt habe, aber die Person das verletzende Verhalten leugnet oder alle Schuld zurückweist. Was mache ich dann?

Ich persönlich glaube, dass Vergebung der einzige Weg ist, wirklich Frieden mit der Vergangenheit zu schließen! Sie ist nicht der erste Schritt in Richtung Heilung, aber sie ist ein wesentlicher Schritt.

Solange Menschen bestimmt sind von Hass und dem Wunsch nach Rache oder Vergeltung, können sie kein befreites und erfülltes Leben führen. Warum? Weil Hass fast stärker bindet als Liebe. Bitterkeit hält mich gebunden an den, den ich hasse.

Solange ich jemanden hasse, übt dieser andere Macht auf mich aus. Ich bin nicht wirklich frei in meinem Handeln, denn ich stehe ja unter dem „Zwang" der Vergeltung. Hass und Bitterkeit vergiften das Leben auch auf andere Weise: Bitterkeit schadet meiner leiblichen und seelischen Gesundheit und beeinträchtigt jede menschliche Beziehung.

Nicht nur die Liebe, auch der Hass bindet mich an einen Menschen.

Viele Menschen haben sehr unklare Vorstellungen davon, worum es im Prozess der Vergebung geht. Darum möchte ich die Schritte kurz erklären.

Was Vergebung nicht ist

- Vergebung bedeutet nicht vergessen oder so zu tun, als ob nichts passiert wäre.
- Vergebung entschuldigt verletzendes Verhalten nicht und heißt es nicht gut.
- Vergebung gibt dem anderen nicht die Erlaubnis, ein falsches Verhalten fortzuführen oder beizubehalten.
- Vergebung ist nicht dasselbe wie Versöhnung.

Zur Versöhnung müssen beide Parteien beitragen; Vergebung dagegen kann von einer Seite ausgehen.

Was Vergebung ist

- Vergebung ist ein *Prozess,* der durch eine Entscheidung ausgelöst wird. Diese Entscheidung führt mit der Zeit zur Befreiung der Gedanken- und Gefühlswelt.
- Vergebung ist somit das Loslassen von Zwang, Bitterkeit und Ärger und enthält den bewussten Entschluss, positiv in die Zukunft zu gehen.
- Vergebung ist der bewusste Verzicht darauf, erlittenes Unrecht zu vergelten oder zu rächen.
- Vergebung ist demnach ein Akt des Loslassens: Wenn ich vergebe, nehme ich Abstand von Strafe, Rache und Groll. Ich lasse Vergangenes hinter mir, erlasse dem

anderen die Strafe und lasse es nicht zu, dass Kränkungen weiterhin mein Leben bestimmen.

- Vergebung markiert einen Wendepunkt in der Erzählung der eigenen Geschichte. Wer vergibt, befreit sich aus der Rolle des Opfers und tut einen entscheidenden Schritt dahin, die Regie im eigenen Leben wieder zu übernehmen. Vergebung macht uns frei von der Tyrannei der Menschen und Ereignisse der Vergangenheit!

Einem Menschen zu vergeben, der mir wirklich Unrecht zugefügt hat, unterstützt das eigene Wohlbefinden für Körper, Geist und Seele. Wenn wir beginnen, unseren Ärger loszulassen und unsere Fantasie nicht mehr mit Bestrafungsszenarien zu beschäftigen, gewinnen wir die Energie zurück, die durch Rachsucht und Schmerz gebunden war.

Vergebungsgeschichten

Auch ich habe einen solchen Wendepunkt in meiner eigenen Geschichte erlebt. Mein Prozess der Vergebung hatte mit der Beziehung zu meiner Mutter zu tun. Sie hatte als junge Frau in Amerika Medizin studiert, zu einer Zeit, in der dies für Frauen noch sehr ungewöhnlich war. Sie war in unserer Stadt eine sehr beliebte und erfolgreiche Frauenärztin. Nicht selten kamen Menschen auf mich zu, um mir zu erzählen, wie sehr sie meine Mutter schätzten. „Deine Mutter hat meine fünf Kinder zur Welt gebracht und so gut für mich gesorgt.“ Oder: „Deine Mutter hat mich zur Welt gebracht!“

Ich war dann immer ziemlich gespalten: Einerseits war

ich natürlich äußerst stolz auf meine Mutter. Auf der anderen Seite war sie aber selten zu Hause und eigentlich kaum als Mutter für mich da. Damals gab es keinen Mutterschutz oder Erziehungsurlaub wie heute, und so hat meine Mutter jeweils nur zwei Wochen frei genommen, um jedes ihrer vier Kinder zur Welt zu bringen. Dann kehrte sie wieder zu ihrem geliebten Beruf zurück und überließ es meinem Vater und verschiedenen Haushaltshilfen, uns Kinder zu erziehen und den Haushalt zu führen.

Ich kann mich zwar noch daran erinnern, dass meine Mutter sich gelegentlich Zeit nahm, um mit uns zu spielen oder etwas mit uns zu unternehmen, als wir klein waren. Doch vor allem in der Zeit der Pubertät, in der ich viele Fragen und Anliegen hatte, über die ich so gerne mit meiner Mutter gesprochen hätte, war sie nicht für mich da. Wenn sie zu Hause war, hatte sie weder die Energie noch das Interesse, mir Aufmerksamkeit zu schenken. Sie war offensichtlich durch ihren anstrengenden Beruf zu sehr beansprucht.

Hinzu kam, dass meine Eltern keine glückliche Ehe führten und meine Mutter sich bei uns Kindern immer öfter über meinen Vater beschwerte. Da ich mich mit meinem Vater bestens verstand und ihn sehr liebte, taten mir Mutters harte Kritik und Beschuldigungen meinem Vater gegenüber sehr weh.

Das alles trug dazu bei, dass meine Beziehung zu meiner Mutter immer angespannter wurde. Als Teenager war ich nahe dran, sie zu hassen, und obwohl ich versuchte, es nicht zu zeigen, glaube ich, dass sie es trotzdem spürte. Mit siebzehn Jahren habe ich dann Jesus Christus mein Herz anvertraut und ihn gebeten, in mein Leben zu kommen. Bald darauf machte ich verschiedene Versuche, um mich mit meiner Mutter zu versöhnen, aber tief im Innern hatte sich bei mir nicht viel geändert. Ich fühlte mich von ihr noch immer „im Stich gelassen“. Ich wollte zwar eine bessere Beziehung zu meiner Mutter haben, aber ich wusste nicht, wie ich diese bessere Beziehung erreichen sollte.

Schritte zur Vergebung

1. Schmerz und Verlust benennen

Der erste Schritt in Richtung Heilung erfolgte, als ich bereit war, meinen Schmerz und meine unerfüllten Bedürfnisse zu formulieren und beim Namen zu nennen. Ich musste zugeben: „Ich hätte es so gerne gehabt, wenn meine Mutter für mich da gewesen wäre. Es hat mir wehgetan, dass ihr scheinbar alles andere wichtiger war als ich.“

Durch ein solches Eingeständnis passiert etwas in meinem Bewusstsein, was den Weg für den nächsten wichtigen Schritt bereitet.

2. Den Schmerz tatsächlich zulassen

Dieser geschieht im Herzen und besteht darin, den Mut aufzubringen, den Schmerz über den benannten Verlust tatsächlich zuzulassen!

Ich kann mich erinnern, wie ich mit 35 Jahren zum ersten Mal richtig darüber weinte, dass ich nicht die Mutter gehabt hatte, die ich mir wünschte. Ich war inzwischen schon selbst Mutter von drei Kindern. Erst dann gelangte ich zu der Erkenntnis: „Nicht nur habe ich in meiner Kindheit jene Mutter nicht gehabt, nach der ich mich so gesehnt hatte. Schlimmer noch: Ich werde sie nie haben!“ Diese Einsicht löste eine tiefe Traurigkeit in mir aus.

Schmerz, den ich mir nicht eingestehe, kann ich auch nicht vergeben. Er wirkt unbewusst weiter.

Bis dahin hatte ich immer wieder die Hoffnung gehegt, die Situation würde sich eines Tages ändern. Wann immer ich nach Hause fuhr, dachte ich: „Dieses Mal wird es anders sein! Dieses Mal werden wir uns gut verstehen.“ Doch jedes Mal war ich enttäuscht! An jenem Morgen erkannte ich zum ersten Mal deutlich: Mein Mutter ist, wie sie ist, und sie wird sich wahrscheinlich nicht ändern. Die Zeit, Liebe und Geborgenheit, die sie mir nicht in meiner Kindheit schenken konnte, kann sie jetzt nicht mehr nachholen. Mit dieser Erkenntnis zerplatzte mein Traum von einer liebenden fürsorglichen Mutter endgültig. Diese Einsicht bedeutete einen tiefen Schmerz.

3. Den Schmerz loslassen

Weinen kann man aber nur eine Zeit lang, und irgendwann kommt man an den Punkt, an dem man den Schmerz loslassen muss. Mein nächster Schritt war der, zu erkennen, dass meine Mutter uns Kinder tatsächlich geliebt hatte. Dazu halfen mir einige Erinnerungen aus der Kindheit: Meine Mutter hatte mühevoll für jedes Kind ein wunderschönes Fotoalbum zusammengestellt und einiges dazu geschrieben – viel schönere Alben, als die, die ich für meine Kinder gemacht habe. Ich musste eingestehen: „Meine Mutter hat ihr Bestes getan. Sie hatte uns lieb, auch wenn sie nicht fähig oder verfügbar war, mir das zu geben, was ich noch gebraucht hätte."

4. Dem anderen vergeben

Der letzte Schritt in diesem Heilungsprozess ist die Vergebung. Ich musste zu einem Punkt kommen, an dem ich bereit war, meiner Mutter zu vergeben und ihr das Versäumte nicht mehr nachzutragen. Innerlich formten sich die Worte: „Mama, ich will dir dafür vergeben, dass du so wenig für mich da warst."

Diese Worte habe ich meiner Mutter nie laut gesagt. Meine Mutter bekam wenig von meinem ganzen Werdegang und meiner inneren Entwicklung mit. Ich machte diesen Prozess mehr oder weniger alleine durch, mit der Hilfe vieler Gespräche mit meinem Mann, meinem Tagebuch und viel Gebet. Nach jenem Morgen, an dem ich meine Mutter von all meinen Vorwürfen freisprechen konnte, fühlte ich mich leichter.

Ich bin nicht verantwortlich für das, was mir geschieht, wohl aber für meine eigene Reaktion darauf.

Das Interessanteste daran war, was danach passierte: Als ich das nächste Mal nach Hause fuhr, tat ich das, ohne große Erwartungen zu haben. Ich wusste, meine Mutter war, wie sie war, und ich hatte mir vorgenommen, sie einfach so zu akzeptieren und zu genießen. Doch tatsächlich war unsere Begegnung dieses Mal anders! Ich glaube nicht, dass meine Mutter sich geändert hatte. Ich und meine Einstellung zu ihr hatten sich jedoch verändert und das hatte auch in unserer Beziehung deutliche Auswirkungen.

Meine persönliche Lernerfahrung, die ich dadurch gewann, ist: Ich bin nicht verantwortlich für das, was mir geschieht, wohl aber für meine eigene Reaktion darauf. Damit ich meine Gegenwart gut gestalten und mit Hoffnung in die Zukunft blicken kann, ist es wichtig, meine Vergangenheit zu verstehen, sie anzunehmen und, wenn nötig, Vergebung zu üben. Nur so kann ich mit der Vergangenheit Frieden schließen, ohne unnötiges Gepäck vorangehen und meine Gegenwart und Zukunft gestalten.

Impulse zur Umsetzung

1. Welche Verletzungen haben mir in der Kindheit am meisten zu schaffen gemacht? Wie bin ich über die Jahre damit umgegangen?

2. Habe ich mit den „dunklen Kapiteln" meiner Lebensgeschichte schon Frieden geschlossen und innere Heilung erlebt? Wenn schon, wie war das möglich?

3. Wenn nicht, wer oder was könnte mir helfen, in Richtung auf ein versöhntes Leben weiterzukommen?

6 Den Augenblick genießen

6 DEN AUGENBLICK GENIESSEN

Ein sechstes Geheimnis, das ich an erfolgreichen und erfüllten Frauen beobachte, heißt: „Genieße den Augenblick!“ Den Augenblick genießen – das kann eigentlich nur jemand, der keine Altlasten aus der Vergangenheit mehr mit sich herumschleppt. Frauen, die noch voller Groll und Bitterkeit über alte Verletzungen sind, tun sich schwer, befreit in der Gegenwart zu leben. Doch das Leben „geschieht“ immer nur in der Gegenwart! Ich kann nur ein erfülltes Leben haben, wenn ich lerne, diesen momentanen Augenblick wahrzunehmen und auszukosten.

Das Leben findet immer im Jetzt statt. Wer den Augenblick nicht bewusst wahrnimmt, kann auch das Leben nicht auskosten.

Geschichten von Lebenskünstlern

Eine Flüchtlingsfrau aus Bosnien lebte mir das ganz konkret vor. Im Mai des zweiten Kriegsjahres in Bosnien kam die 35-jährige Gordana mit ihrer zwölfjährigen Tochter Enida aus dem Kriegsgebiet zu uns. Sie hatten im Krieg alles verloren: Haus, Geschäft und all ihren persönlichen Besitz. Außerdem wussten sie nicht, wo ihr Ehemann und Vater war. Während Gordana und Enida bei uns wohnten, hörte ich gelegentlich Lachen aus ihrem Zimmer. „Wie ist das möglich“, dachte ich, „dass die zwei in einer so schweren Situation lachen können?!" Aber irgendwie hatten sie es geschafft, das Beste aus ihrer schwierigen Lage zu machen. Enida bemühte sich in der Schule sehr und lernte schnell Deutsch. Gordana bekam einen Job als Putzfrau und setzte sich dort sehr ein.

Gordanas Mann kam im darauf folgenden Jahr nach, und so wurde es in unserem kleinen Haus eng für uns alle. Wir suchten im ganzen Ort nach einer neuen Wohnmöglichkeit und lasen jeden Samstag in der Zeitung die Wohnungsangebote. Aber niemand wollte Flüchtlinge aufnehmen, auch wenn wir bereit waren, für ihre Seriosität und Zuverlässigkeit zu bürgen.

Als Gordana nach eineinhalb Jahren endlich eine neue Wohnmöglichkeit gefunden hatte, lud sie mich ein, sie anzusehen. Ich war wirklich schockiert! Es war eine Kellerwohnung – klein, dunkel und feucht. Ich war so enttäuscht. „Haben wir so lange gewartet, gebetet und gesucht – nur für das?!" Aber unsere bosnischen Freunde brauchten dringend ihre eigenen vier Wände, und auch unsere Familie sehnte sich nach zwei Jahren mit Gästen danach, wieder als Familie „allein" zu sein.

So halfen wir Enida, Gordana und Jan, ihre Möbel und andere Habseligkeiten zusammenzupacken und umzuziehen. Eine Woche später luden sie uns zu einem Mittagessen in ihr neues Heim ein. Als wir die Wohnung betraten, erwartete uns eine echte Überraschung. Die Räume waren sauber, geschmackvoll hergerichtet und gemütlich. Mit dem wenigen Geld und mit viel Fleiß und erstaunlicher Kreativität hatte diese Frau ein Wunder geschafft. Aus einem erbärmlichen Loch hatte Gordana ein schönes Zuhause gezaubert. Sie hatte das Beste daraus gemacht!

Von Gordana habe ich sehr viel gelernt! Hier ist eine

Frau, die alles verloren hatte, außer ihrem Leben und ihrer Familie. Trotzdem konnte sie Freude empfinden und das Hier und Jetzt voll ausleben. Ich hoffe, dass ich auch so positiv reagieren kann, falls ich eines Tages durch solche Schwierigkeiten gehen muss.

Auch andere Frauen haben mir gezeigt, wie man den momentanen Augenblick genießen kann. Als Studentin wohnte ich bei dem Ehepaar Walter und Ingrid Trobisch, die als Eheberater und Schriftsteller bekannt wurden, und arbeitete als ihre Sekretärin. Ingrid gönnte sich gerne jeden Nachmittag eine kleine Teepause. Egal, ob sie gerade dabei war, ein Manuskript zu erarbeiten oder ein Seminar vorzubereiten – sie nahm sich die Zeit, den Augenblick zu genießen. Sie richtete sich für sich selbst ein schönes Tablett her, mit einer Tasse Tee, ein paar Keksen oder einem Stück Obst und einem kleinen Blumenstrauß. Wenn mehrere Leute da waren, dann deckten wir schnell den Kaffeetisch im Wohnzimmer und gönnten uns eine kurze Arbeitspause.

„Morgen ist noch nicht gekommen, und gestern ist vorbei. Wir leben heute." Mutter Teresa

Ich bin so dankbar für die Lektion, dass unser Arbeitsleben einen Ausgleich braucht. Wer viel arbeitet und Gutes leisten will, muss lernen, sich zu entspannen und das Leben zu genießen.

Niemals den Humor verlieren

Dazu gehört sicher auch ein Sinn für Humor und Spaß! Ich erinnere mich an Gerlinde, eine Freundin von mir, die Missionskrankenschwester ist. Sie hat bereits in verschiedenen Entwicklungsländern und unter schwierigsten Bedingungen gearbeitet. Ich kenne nur wenige Menschen, die so lebenslustig und fröhlich sind wie Gerlinde! Als sie uns vor einigen Jahren besucht hat, mochten unsere Kinder sie sofort. Sie brachte uns ein sehr lustiges Spiel bei und erzählte von ihren Erfahrungen auf der Missionsstation. Es war oft hart gewesen, und sie hatten schwer gearbeitet, aber Gerlinde erzählte mit Begeisterung, wie ihre Kollegen und sie sich in ihrer Freizeit amüsierten. Obwohl sie kein Fernsehen und keine Disco hatten, wussten diese Leute, wie man das Leben genießen kann. Sie brachten einander Spiele bei, sangen Lieder und erzählten Geschichten. Sie genossen den Augenblick!

Was uns hindert, im Jetzt zu leben

Manche Menschen haben Schwierigkeiten damit, den Moment wahrzunehmen und zu genießen, weil sie zu sehr in der Zukunft leben. Ich bin jemand, der gerne plant und vorausdenkt, und so kenne ich diese Gefahr. Ich bin eine „zeitorientierte" Person, während mein Mann Arthur „ereignisorientiert" ist. Am Anfang unserer Ehe gab es deswegen des Öfteren Konflikte. Damals waren wir in der Studentenmission tätig und luden oft junge Leute zu uns nach Hause ein. Es war keine Seltenheit, zum Kaffee um 15:00 Uhr das gesamte Team im Haus zu haben und dann einen Besuch zum Abendessen um 18:00 Uhr zu erwarten.

Schon um 17:00 wurde ich nervös wegen der Vorbereitungen, die noch für das Abendessen nötig waren, während Arthur um zehn vor sechs noch immer die Zeit mit dem Team genießen konnte. Ich warf ihm manchmal vor: „Du genießt den momentanen Augenblick so sehr, dass du den nächsten verpasst!“ Aber innerlich bewunderte ich ihn und war manchmal sogar neidisch, dass er so gelassen in den Tag hinein-leben und die Gegenwart so intensiv erleben konnte.

Obwohl seine Art, mit der Zeit umzugehen, für mich auch heute immer wieder eine Herausforderung ist, sehe ich jetzt darin zugleich eine Stärke und bin dankbar für diese persönliche Ergänzung, die mich daran erinnert, den Augenblick zu genießen. Und mein Mann sagt, er ist froh eine Frau zu haben, die vorausplanen kann und den Überblick bewahrt, damit wichtige Termine nicht übersehen werden. Schließlich will auch er nicht, dass eine Einladung zum Abendessen danebengeht oder wir eine halbe Stunde zu spät ins Konzert kommen.

Impulse zur Umsetzung

1. Was tue ich, um das Leben zu genießen und einen Ausgleich zu meiner Arbeit herzustellen?

2. Wer in meinem Umfeld hat Sinn für Humor und Spaß? Was könnte ich von dieser Person lernen?

3. Wann habe ich zum letzten Mal einen Augenblick bewusst wahrgenommen und genossen? Was war das Besondere an diesem Moment, und wofür bin ich dankbar?

7 Aus der Quelle schöpfen

Ein vorläufiges Fazit

Was braucht eine Frau noch? Sechs Geheimnisse für ein erfülltes, glückliches, erfolgreiches Leben haben wir bereits kennen gelernt. Wenn es möglich wäre, sich diese sechs Fähigkeiten oder Grundhaltungen anzueignen, dann könnte sich jede Frau glücklich nennen, oder nicht? Vielleicht nicken Sie jetzt und denken: Ja, diese sechs „Geheimtipps" haben mich überzeugt!

1) Dass es wichtig ist, mich als Frau anzunehmen und gut mit meinem eigenen Körper umzugehen und das Beste daraus zu machen, leuchtet mir ein. Ich wollte ohnehin endlich einmal ins Fitnessstudio gehen und nicht so viele Süßigkeiten essen.

2) Es stimmt: Männer sind manchmal eigenartig! Aber ich möchte lernen, einen positiven Umgang mit ihnen zu entwickeln. Denn die zwei Geschlechter können viel voneinander lernen und sich gegenseitig ergänzen.

3) Freundschaft war mir immer wichtig. Von jetzt an möchte ich meine Beziehungen noch bewusster pflegen und genießen.

4) Ich bin schon dabei, meine persönlichen Gaben besser kennen zu lernen und einzusetzen. Und langsam lerne ich, mich in verschiedenen Situationen abzugrenzen und auch einmal Nein zu sagen.

5) Ich sehe es ein, dass es wichtig ist, mit der Vergangenheit Frieden zu schließen. Das schaffe ich entweder

allein oder mit der Hilfe eines Seelsorgers, Therapeuten oder eines sonstigen Gesprächspartners.

6) Sinn für Humor und Spaß zu entwickeln und den Augenblick genießen zu lernen, das wäre sicher auch hilfreich!

Was brauche ich mehr?! Wenn ich mein Leben in diesen sechs Bereichen bewusst in die Hand nehme und gestalte, dann werde ich das Glück, die Erfüllung finden, die ich suche. Mehr Erfolg brauche ich eigentlich nicht!

Aber es gibt noch ein siebtes Geheimnis. Eigentlich ist dieses letzte Geheimnis die Grundlage für alle anderen! Lassen Sie mich eine Geschichte erzählen, um das deutlich zu machen.

Es gab einmal ein Land, in dem ein eigenartiges Volk wohnte. Äußerlich sahen sie ganz ähnlich aus wie wir. Sie hatten zwei Arme, zwei Beine, zwei Augen, zwei Ohren, Nase und Mund – genau wie Sie und ich. Aber die Art und Weise, wie sie sich fortbewegten, war ganz anders! Statt beide Beine zum Laufen zu benützen, hüpften sie immer nur auf einem Bein herum. Das zweite Bein hielten sie abgewinkelt nach hinten, damit es nicht im Weg war. Schon die Eltern und die Großeltern hatten sich immer so fortbewegt und es hatte bestens funktioniert. So herumzuhüpfen machte diesen Lebewesen scheinbar keine Mühe und schon die Kleinsten lernten das Hüpfen ebenso schnell, wie unsere Kinder laufen lernen.

Eines Tages kam ein Mann in dieses Land, der beide Beine zum Gehen benutzte. Das war eine Sensation! Noch nie hatten diese Menschen so etwas gesehen. Es sah wirklich komisch und außergewöhnlich aus! Manche schütteten sich vor Lachen aus. Andere machten zynische

Bemerkungen: „Was für ein Schwächling, der es nötig hat, auf zwei Beinen zu gehen! Was hat er nur, dass ein Bein ihm nicht genügt?"

Der Mann, der auf zwei Beinen ging, erklärte ihnen, dass es eigentlich Menschweise sei, auf zwei Beinen zu laufen: „Euer Schöpfer hat euch zwei Beine gegeben, damit ihr auf zwei Beinen lauft. Ihr könnt zwar mit nur einem Bein existieren und gut zurechtkommen, doch ihr müsst euch ziemlich anstrengen und kommt nicht sehr weit." Aber seine Worte klangen fremd in ihren Ohren.

Es gab allerdings einige jüngere, aufgeschlossenere Typen, die neugierig wurden und insgeheim diese ungewohnte Art der Körperbewegung ausprobieren wollten. Es dauerte nicht lange, bis sie entdeckten, dass sie viel effizienter und bequemer war als ihre altbewährte traditionelle Gangart. Mit zwei Beinen hatten sie auch viel mehr Bewegungsmöglichkeiten! Sie konnten gehen, laufen und sogar tanzen. Diejenigen, die diese neue Art der Fortbewegung ausprobiert hatten, wollten nicht mehr zurückkehren zum einbeinigen Hüpfen!

Manche konnten ihre Freunde und Familien überzeugen und für die neue Gangart gewinnen. Jedoch lachten viele von ihren alten Freunden und Bekannten sie aus oder hielten sie für verrückt. Aber diejenigen, die mit beiden Beinen liefen, nahmen das in Kauf. Denn die neue Lebensqualität, die sie entdeckt hatten, war ihnen den Spott der anderen wert.

Das Land, von dem ich erzähle, ist unsere Welt. Diese einzigartigen Lebewesen sind Sie und ich. Wir versuchen zurechtzukommen, so gut wir es aus eigener Kraft können, doch stoßen wir dabei immer wieder an unsere Grenzen. Der Mann auf zwei Beinen ist Jesus Christus, der in unsere Welt kam, um uns zu zeigen, wie wir wirklich leben können.

Gott hat uns Menschen für eine Beziehung zu ihm geschaffen und wenn diese Beziehung nicht in Ordnung ist, dann fehlt etwas in unserem Leben.

Ich stelle mir eine Frau vor, die die ersten sechs Geheimnisse eines erfüllten Lebens kennt und beherzigt: Sie mag perfekt gestylt sein und eine tolle Figur haben. Vielleicht hat sie mehrere gute Freundinnen und kommt auch gut mit Männern aus. Sie ist vielseitig begabt, erfolgreich in ihrem Beruf. Sie weiß, was sie will und kann sich gut abgrenzen. Sie hat Frieden mit ihrer Vergangenheit geschlossen und versteht es, den Augenblick zu genießen. Trotzdem werde ich diese Frau nicht beneiden. Sie ist für mich eine Frau, die „auf einem Bein herumhüpft". Ich denke: „Schade, dass sie nicht weiß, wie man mit zwei Beinen laufen kann!"

So sehe ich ein Leben ohne Gott. Auch wenn alles andere in meinem Leben wunderbar gelänge, weiß ich, dass in meiner Seele trotzdem eine Leere zu spüren wäre. Wohl die meisten Menschen würden das in einer ehrlichen Stunde zugeben, nur wissen sie nicht, was ihnen fehlt! Der heilige Augustinus hat diese Sehnsucht so ausgedrückt: „Unruhig ist unser Herz, bis es ruht in dir, o Gott."

Das Geheimnis der Lebensfülle

Das letzte Geheimnis, das ich bei erfolgreichen und erfüllten Frauen entdeckt habe, ist, dass sie persönlich erfahren haben, was es bedeutet, wenn Jesus Christus sagt: „Ich bin gekommen, damit ihr das Leben habt, und zwar das Leben in Fülle." Sie haben es gewagt, ihn beim Wort zu nehmen und zu glauben, dass in diesem Mann, Jesus von Nazareth, Gott Mensch wurde, damit wir ihn begreifen und kennen lernen können.

Es geht hier nicht um eine bestimmte Religion oder Glaubenstradition. Es geht um eine persönliche, sehr vertraute und vertrauensvolle Beziehung zu Gott. Jesus selbst hat die verschiedensten Bilder benutzt, um diese Beziehung zu beschreiben:

- Gott ist wie ein Vater, der seine Kinder von Herzen liebt und gerne für sie sorgt.
- Gott ist wie ein Freund, der Anteil an meinem Alltag haben will und sich für mich interessiert.
- Gott ist wie ein starker Helfer oder Retter, der sogar bereit war, um meinetwillen sein Leben hinzugeben.

Dieser Gott möchte eine Beziehung zu mir haben, die von Vertrauen und Liebe bestimmt ist. Er hat von seiner Seite aus schon alles getan und wartet nur auf meine Antwort. Jesus sagt: „Siehe, ich stehe vor der Tür und klopfe an. Wenn jemand meine Stimme hört und öffnet, werde ich bei ihm einkehren.“ So will Gott durch Jesus in unser Leben eintreten, eine Beziehung zu uns aufbauen.

Erfolgreiche und erfüllte Frauen, die ich kenne, haben auf dieses Klopfen geantwortet. Sie haben Ja zu Jesus gesagt und die Tür ihres Lebens aufgemacht, damit er eintreten konnte. Jetzt ruhen sie in der starken Vaterliebe Gottes und vertrauen auf seine Fürsorge und Weisheit. Sie fühlen sich geborgen, egal was auf sie zukommt, weil Jesus ihnen seinen Frieden schenkt und mit ihnen geht.

Siegfried Buchholz, den ich bereits früher in diesem Buch zitierte, begegnete zum ersten Mal als Chemiestudent an der Universität gläubigen Menschen: „Was mich überzeugt hat an den ersten Christen, die ich kennen gelernt habe, war, dass sie wesensmäßig anders waren als ich. Sie hatten eine Freude, eine innere Gelassenheit und einen inneren Frieden, den ich nicht hatte. Das fand ich so faszinierend anders, dass ich das auch haben wollte. Ich habe sie dann gefragt: Woher habt ihr das?, und bekam die Antwort: Was du da in uns findest, das sind nicht wir – sondern Christus in uns." Diese Antwort mag möglicherweise auch manch anderen eigenartig vorkommen.

Ich selbst habe mit siebzehn Jahren dieses Geheimnis zum ersten Mal richtig verstanden und die Tür meines Herzens aufgemacht. Ich sagte Jesus, dass ich möchte, dass er der Herr in meinem Leben ist. Obwohl ich damals nicht genau wusste, was ich erwarten sollte oder was geschehen würde, weiß ich jetzt, dass etwas Großartiges passiert ist:

Obwohl ich denselben Körper und dieselbe Persönlichkeit oder Seele hatte wie vorher, war etwas in meinem Innersten geschehen: Er hatte mir einen neuen Geist gegeben! Vielleicht ist es aber besser so ausgedrückt: Er war in mein Leben gekommen und hatte endlich den Platz ausgefüllt, den er in mir all die Zeit für sich „reserviert" hatte.

Seit diesem Tag habe ich eine neue Identität. Ich bin eine Tochter des Königs und weiß, dass ich wertvoll bin und geliebt werde. In Jesus Christus habe ich „Shalom" erfahren: tiefen, umfassenden Frieden. Das heißt nicht, dass ich ständig zwei Meter über dem Boden schwebe. Nein, es gibt noch immer Tage, an denen ich krank bin oder seelisch unausgeglichen. Es gibt auch Tage, an denen mir Gott weit weg erscheint, an denen mich Angst und Sorge bestimmen und sein Friede etwas ist, wonach ich mich ausstrecken muss.

Aber ich weiß, zu wem ich gehen kann. Jesus sagt: „Kommt her zu mir alle, die ihr mühselig und beladen seid: ich will euch erquicken.“ Ich habe erlebt: Gott will uns heilen, uns an Leib und Seele gesund machen und uns zeigen, wie wir ein erfülltes und erfolgreiches Leben führen können.

Die Quelle finden, aus der ich schöpfen kann

Bettina ist eine junge Mutter von vier Kindern, die vor einigen Jahren an Brustkrebs erkrankt ist. Es war ein furchtbarer Schock für die ganze Familie. Die Operation und die folgenden Therapien kosteten Bettina viel Kraft und noch mehr Tränen. Als ich mit ihr ein Jahr später darüber gesprochen habe, war ich tief beeindruckt von einer ihrer Aussagen.

Sie sagte: „Obwohl dieses letzte Jahr sehr schmerzhaft und verwirrend war, bin ich doch auch dankbar für diese Erfahrung. Ich habe Gott ganz neu kennen lernen dürfen. Noch nie in meinem Leben habe ich mich so geliebt und getragen gefühlt – von Gott und von meinen Mitmenschen.“

Glauben heißt nicht, mit einer rosaroten Brille durch die Welt zu wandern. Aber der Glaube öffnet die Augen für die Kostbarkeiten des Lebens und gibt Grund zur Hoffnung – mitten in den Schwierigkeiten.

Frauen wie Bettina scheinen eine Quelle gefunden zu haben, aus der sie schöpfen können, egal wie schwierig sich das Leben zeigt! Sie strahlen nicht nur eine tiefe Geborgenheit und einen Frieden aus, ihr Leben scheint gekennzeichnet zu sein von Dankbarkeit. Sie sind positiv eingestellt und haben Augen und Ohren, um das Schöne zu entdecken und zu genießen. Es ist nicht so, dass sie mit einer rosaroten Brille durchs Leben gehen, sondern, dass sie mit den Augen ihres Herzens immer wieder den tröstenden Lichtstrahl entdecken, selbst wenn es rund um sie dunkel ist.

Zu guter Letzt kennen diese Frauen die Freiheit und Freude, die aus der Vergebung kommt. Sie tragen keinen schweren Rucksack gefüllt mit Hass, Bitterkeit und Schuld mit sich herum. Sie haben einen Platz entdeckt, an dem sie ihre schwere Last ablegen können. Sie finden diesen Ort beim Kreuz, dort, wo Jesus die Last und Schuld der Welt auf sich genommen hat. Deshalb können sie jeden Tag neu anfangen! Weil sie wissen, dass Gott ihnen viel Gnade und Barmherzigkeit erwiesen hat, sind sie auch fähig, anderen zu verzeihen, die sie verletzt haben.

Das siebte Geheimnis erfolgreicher und erfüllter Frauen ist, dass sie eine Quelle entdeckt haben, aus der sie schöpfen können. Durch die Beziehung zu Jesus Christus können sie auf zwei Beinen sicher durchs Leben gehen – oder auch tanzen, wo das angebracht ist. Auf diesem Fundament können sie die anderen sechs Prinzipien erst so richtig zur Entfaltung bringen.

Ich wünsche Ihnen, dass Sie diese und vielleicht noch einige andere Geheimnisse in Ihrem eigenen Leben entdecken und anwenden können, um dem Glück näher zu kommen. Dann können Sie am Ende Ihres Lebens – egal ob es morgen ist oder erst in vierzig Jahren – sagen:

„Es hat sich gelohnt. Mein Leben war erfüllt und kostbar.“

Impulse zur Umsetzung

1. Aus welcher Quelle oder welchen Quellen schöpfe ich, wenn das Leben mühsam wird?

2. Habe ich mich selbst in der Geschichte von den Menschen, die auf einem Bein herumlaufen, entdeckt? An welcher Stelle?

3. Welche Erfahrungen habe ich mit Glauben, Gott, Kirche gemacht?

4. Wie würde ich meine jetzige Beziehung zu Gott beschreiben?

5. Falls ich die Beziehung zu Gott intensivieren möchte, wer oder was könnte mir helfen, dieses Ziel zu erreichen?

Anmerkungen

1 Dr. Siegfried Buchholz in: *Antenne,* Zeitschrift des ERF Österreich; Mai 2004.

2 Einige hilfreiche Titel zu dieser Thematik sind:
Paula Reinhart, *Starke Frauen, sanfte Herzen*, Basel: Brunnen, 2004.
Deborah Tannen, *Du kannst mich einfach nicht verstehen*, München: Goldmann, *1998.*
Joyce und Clifford Penner, *Meine Liebe schenke ich dir,* Edition Trobisch, *1993.*

3 Gary Chapman, *Die fünf Sprachen der Liebe für Familien*, Brunnen, Gießen 2003.

4 „befreit leben" ist gedacht für Frauen und Männer, die in ihrer Vergangenheit Missbrauch erlebt haben. Zwölf Lehreinheiten mit anschießenden Kleingruppen-Sitzungen helfen, neue Einsichten für persönliche Veränderung zu bekommen damit die Verletzungen der Vergangenheit aufgearbeitet werden können. Näheres dazu s. www.isodos.at/befreitleben.html

Die Autorin

Elizabeth Domig, geb. 1952 in den USA, studierte Familien- und Kinderpsychologie. Sie ist Beraterin mit eigener Praxis und leitet Kurse unter dem Thema „befreit leben“ – ein Seminarangebot für Menschen, die Opfer von sexuellem oder emotinalem Missbrauch geworden sind.

Elizabeth Domig ist verheiratet mit Dr. Arthur Domig und führt zusammen mit ihm Partnerseminare durch. Als Autorin und Referentin ist sie bekannt für ihre lebensnahen und praktischen Artikel und Vorträge zu Beziehungsthemen wie Liebe, Sexualität und Ehe.

Mit ihrer Familie lebt sie in Hallein bei Salzburg, ist aber als Referentin und Autorin verschiedener christlicher Frauenzeitschriften auch in Deutschland sehr bekannt.